한출판

한자능력검정시험 예상문제집

5급

국가공인 한자능력검정시험 예상문제집

머리말

우리말은 70% 이상이 한자로 이루어져 있습니다. 특히, 전문용어는 더더욱 한자로 이루어진 단어가 많습니다. 이런 점을 고려할 때, 요즈음 한자에 대한 조기교육 열풍은 향후 우리 학생들이 공부하는 데 있어서 긍정적 역할을 하리라 믿습니다. 또한, 한자를 알면 일본이나 중국어를 공부할 때도 많은 도움이 됩니다. 물론 중국에서는 간체자라고 하여 우리와 쓰는 한자와 다소 다릅니다. 하지만 한자를 알면 이 간체자는 한 달이면 누구나 쉽게 터득할 수 있습니다.

(사)한국어문회에서 초등학생부터 일반에 이르기까지 실시하고 있는 한자능력검정시험의 응시생이 날이 갈수록 늘어나고 있습니다. 이는 그동안 도외시하고 있던 한자교육이 얼마나 중요하고 필요한가를 보여주는 한 예라고 볼 수 있습니다.

본 교재는 한자능력검정시험에 응시하는 모든 수험생들이 짧은 시간에 가장 효과적으로 준비할 수 있도록 핵심적인 문제만을 엄격히 선별하여 만들었습니다.

이 책으로 시험을 준비하는 독자 여러분 모두에게 좋은 결과가 있기를 기원하며, 한자교육에 앞장서는 아트미디어(주) 사장님과 편집·제작에 힘써 주신 여러분에게 감사의 마음을 전합니다.

지은이

a r t m e d i a

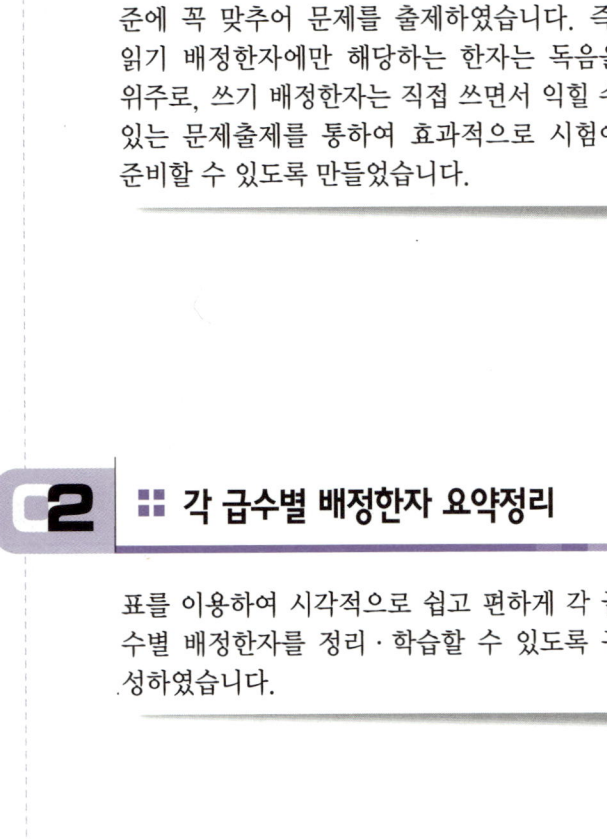

이 책의 구성과 특징

01 시험출제 기준에 꼭 맞춘 문제출제

시중 교재와는 다르게 본 교재는 시험출제 기준에 꼭 맞추어 문제를 출제하였습니다. 즉, 읽기 배정한자에만 해당하는 한자는 독음을 위주로, 쓰기 배정한자는 직접 쓰면서 익힐 수 있는 문제출제를 통하여 효과적으로 시험에 준비할 수 있도록 만들었습니다.

02 각 급수별 배정한자 요약정리

표를 이용하여 시각적으로 쉽고 편하게 각 급수별 배정한자를 정리·학습할 수 있도록 구성하였습니다.

03 출제유형에 따른 완벽대비 문제

한자능력검정시험에 자주 출제되는 문제를 유형별로 정리하여 시험에 완벽대비할 수 있게 구성하였습니다. 특히 문제를 풀면서 한자 하나하나에 대한 학습도 병행할 수 있도록 만들었습니다.

04 최근 출제 경향에 따른 예상문제

최근 출제된 한자능력검정시험을 분석하여 향후 출제될 가능성이 높은 문제만을 엄선하여 실었습니다.

05 기출분석문제

기존에 출제된 문제를 통해 실전에 완벽대비할 수 있도록 하였습니다.

06 실제 시험규격과 동일한 답안지

실전예상문제에 실제 시험과 똑같은 규격의 답안지를 제공하여 실전과 최대한 같은 상황에서 모의시험을 치를 수 있도록 하였습니다.

차 례

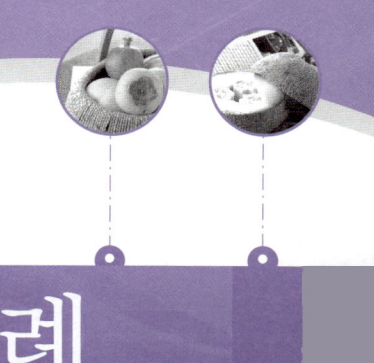

8급 배정한자 50자

ㄱ	敎	校	九	國	軍	金	ㄴ
	가르칠 교	학교 교	아홉 구	나라 국	군사 군	쇠 금/성 김	
南	女	年	ㄷ	大	東	ㄹ	六
남녘 남	계집 녀	해 년		큰 대	동녘 동		여섯 륙
ㅁ	萬	母	木	門	民	ㅂ	白
	일만 만	어미 모	나무 목	문 문	백성 민		흰 백
父	北	ㅅ	四	山	三	生	西
아비/아버지 부	북녘 북/달아날 배		넉 사	메 산	석 삼	날 생	서녘 서
先	小	水	室	十	ㅇ	五	王
먼저 선	작을 소	물 수	집/방 실	열 십		다섯 오	임금 왕
外	月	二	人	日	一	ㅈ	長
바깥 외	달 월	두 이	사람 인	날 일	한 일		긴/어른 장
弟	中	ㅊ	靑	寸	七	ㅌ	土
아우 제	가운데 중		푸를 청	마디 촌	일곱 칠		흙 토
ㅍ	八	ㅎ	學	韓	兄	火	
	여덟 팔		배울 학	한국/나라 한	형/맏 형	불 화	

7급 고유한자 100자

ㄱ	歌 노래 가	家 집 가	間 사이 간	江 강 강	車 수레 거/수레 차	空 빌 공	工 장인 공
口 입 구	旗 기/깃발 기	記 기록할 기	氣 기운 기	ㄴ	男 사내 남	內 안 내	農 농사 농
ㄷ	答 대답 답	道 길 도	冬 겨울 동	洞 골 동/밝을 통	動 움직일 동	同 한가지 동	登 오를 등
ㄹ	來 올 래	力 힘 력	老 늙을 로	里 마을 리	林 수풀 림	立 설 립	ㅁ
每 매양 매	面 낯 면	命 목숨 명	名 이름 명	文 글월 문	問 물을 문	物 물건 물	ㅂ
方 모 방	百 일백 백	夫 사나이/지아비 부	不 아니 불	ㅅ	事 일 사	算 셈 산	上 윗 상
色 색 색	夕 저녁 석	姓 성 성	世 인간/세상 세	所 바 소	少 적을 소	數 셈 수	手 손 수
時 때 시	市 저자 시	食 밥/먹을 식	植 심을 식	心 마음 심	ㅇ	安 편안 안	語 말씀 어
然 그럴 연	午 낮 오	右 오른쪽 우	有 있을 유	育 기를 육	邑 고을 읍	入 들 입	ㅈ
字 글자 자	自 스스로 자	子 아들 자	場 마당 장	前 앞 전	全 온전 전	電 전기 전	正 바를 정

祖	足	左	住	主	重	地	紙
할아버지 조	발 족	왼쪽 좌	살 주	주인 주	무거울/거듭 중	땅 지	종이 지
直	ㅊ	川	千	天	草	村	秋
곧을 직		내 천	일천 천	하늘 천	풀 초	마을 촌	가을 추
春	出	ㅍ	便	平	ㅎ	下	夏
봄 춘	나갈 출		편안할 편/똥오줌 변	평평할 평		아래 하	여름 하
漢	海	花	話	活	孝	後	休
한수/한나라 한	바다 해	꽃 화	말씀 화	살 활	효도 효	뒤 후	쉴 휴

6Ⅱ·6급 고유한자 150자

ㄱ	各	角	感	强	開	京	計
	각각 각	뿔 각	느낄 감	강할 강	열 개	서울 경	셀 계
界	高	苦	古	功	公	共	科
지경 계	높을 고	쓸 고	예 고	공 공	공평할/공변될 공	한가지 공	과목 과
果	光	交	球	區	郡	近	根
실과 과	빛 광	사귈 교	공/옥경 구	구분할/지경 구	고을 군	가까울 근	뿌리 근
今	急	級	ㄷ	多	短	堂	待
이제 금	급할 급	등급 급		많을 다	짧을 단	집 당	기다릴 대

代	對	圖	度	讀	童	頭	等
대신할 대	대할 대	그림 도	법도 도/헤아릴 탁	읽을 독/구절 두	아이 동	머리 두	무리 등
ㄹ	樂	例	禮	路	綠	理	李
	즐거울 락/노래 악/좋아할 요	법식 례	예도 례	길 로	푸를 록	다스릴 리	오얏/성 리
利	ㅁ	明	目	聞	米	美	ㅂ
이할 리		밝을 명	눈 목	들을 문	쌀 미	아름다울 미	
朴	班	反	半	發	放	番	別
성 박	나눌 반	돌아올/돌이킬 반	반 반	필 발	놓을 방	차례 번	다를/나눌 별
病	服	本	部	分	ㅅ	社	死
병 병	옷 복	근본 본	떼 부	나눌 분		모일 사	죽을 사
使	書	石	席	線	雪	省	成
하여금/부릴 사	글 서	돌 석	자리 석	줄 선	눈 설	살필 성/덜 생	이룰 성
消	速	孫	樹	術	習	勝	始
사라질 소	빠를 속	손자 손	나무 수	재주 술	익힐 습	이길 승	비로소 시
式	神	身	信	新	失	ㅇ	愛
법 식	귀신 신	몸 신	믿을 신	새 신	잃을 실		사랑 애
野	夜	藥	弱	陽	洋	言	業
들 야	밤 야	약 약	약할 약	볕 양	큰바다 양	말씀 언	업 업
永	英	溫	勇	用	運	園	遠
길 영	꽃부리 영	따뜻할 온	날랠 용	쓸 용	옮길 운	동산 원	멀 원
油	由	銀	飮	音	意	衣	醫
기름 유	말미암을 유	은 은	마실 음	소리 음	뜻 의	옷 의	의원 의

ㅈ	者	昨	作	章	在	才	戰
	놈 자	어제 작	지을 작	글월 장	있을 재	재주 재	싸울 전
庭	定	題	第	朝	族	晝	注
뜰 정	정할 정	제목 제	차례 제	아침 조	겨레 족	낮 주	부을 주
集	ㅊ	窓	淸	體	親	ㅌ	太
모을 집		창문 창	맑을 청	몸 체	친할 친		클 태
通	特	ㅍ	表	風	ㅎ	合	行
통할 통	특별할 특		겉 표	바람 풍		합할 합	다닐 행/항렬 항
幸	向	現	形	號	畵	和	黃
다행 행	향할 향	나타날 현	모양 형	이름 호	그림 화/그을 획	화할 화	누를 황
會	訓						
모일 회	가르칠 훈						

5급 고유한자 200자

ㄱ	價	加	可	改	客	去	擧
	값 가	더할 가	옳을 가	고칠 개	손 객	갈 거	들 거
健	件	建	格	見	決	結	輕
굳셀 건	물건 건	세울 건	격식 격	볼 견/뵈올 현	결단할 결	맺을 결	가벼울 경

敬	競	景	告	固	考	曲	課
공경할 경	다툴 경	볕/경치 경	고할 고/청할 곡	굳을 고	생각할 고	굽을 곡	과정/공부할 과
過	關	觀	廣	橋	具	救	舊
지날 과	관계할 관	볼 관	넓을 광	다리 교	갖출 구	구원할 구	예 구
局	貴	規	給	期	己	汽	技
판 국	귀할 귀	법 규	줄 급	기약할 기	몸 기	물끓는김 기	재주 기
基	吉	ㄴ	念	能	ㄷ	壇	團
터 기	길할 길		생각 념	능할 능		단 단	둥글 단
談	當	德	都	島	到	獨	ㄹ
말씀 담	마땅 당	큰/덕 덕	도읍 도	섬 도	이를 도	홀로 독	
落	朗	冷	良	量	旅	歷	練
떨어질 락	밝을 랑	찰 랭	어질 량	헤아릴 량	나그네 려	지날 력	익힐 련
領	令	勞	料	類	流	陸	ㅁ
거느릴 령	하여금 령	일할 로	헤아릴 료	무리 류	흐를 류	뭍 륙	
馬	末	亡	望	買	賣	無	ㅂ
말 마	끝 말	망할 망	바랄 망	살 매	팔 매	없을 무	
倍	法	變	兵	福	奉	比	費
곱 배	법 법	변할 변	군사 병	복 복	받들 봉	견줄 비	쓸 비
鼻	氷	ㅅ	寫	史	思	士	仕
코 비	얼음 빙		베낄 사	사기 사	생각 사	선비 사	섬길 사
査	産	賞	相	商	序	選	鮮
조사할 사	낳을 산	상줄 상	서로 상	장사 상	차례 서	가릴 선	고울 선

船	仙	善	説	性	洗	歲	束
배 선	신선 선	착할 선	말씀 설/달랠 세/기쁠 열	성품 성	씻을 세	해 세	묶을 속
首	宿	順	示	識	臣	實	ㅇ
머리 수	잘 숙/별자리 수	순할 순	보일 시	알 식/기록할 지	신하 신	열매 실	
兒	惡	案	約	養	漁	魚	億
아이 아	악할 악/미워할 오	책상 안	맺을 약	기를 양	고기잡을 어	물고기 어	억 억
熱	葉	屋	完	曜	要	浴	友
더울 열	잎 엽	집 옥	완전할 완	빛날 요	요긴할 요	목욕할 욕	벗 우
雨	牛	雲	雄	原	願	元	院
비 우	소 우	구름 운	수컷 웅	언덕 원	원할 원	으뜸 원	집 원
位	偉	耳	以	因	任	ㅈ	再
자리 위	클 위	귀 이	써 이	인할 인	맡길 임		두 재
材	財	災	爭	貯	的	赤	典
재목 재	재물 재	재앙 재	다툴 쟁	쌓을 저	과녁 적	붉을 적	법 전
傳	展	切	節	店	情	停	調
전할 전	펼 전	끊을 절/온통 체	마디 절	가게 점	뜻 정	머무를 정	고를 조
操	卒	終	種	罪	州	週	止
잡을 조	마칠/군사 졸	마칠 종	씨 종	허물 죄	고을 주	주일 주	그칠 지
知	質	ㅊ	着	參	唱	責	鐵
알 지	바탕 질		붙을/닿을 착	참여할 참/석 삼	부를 창	꾸짖을 책	쇠 철
初	最	祝	充	致	則	ㅌ	他
처음 초	가장 최	빌 축	채울 충	이를 치	법칙 칙/곧 즉		다를 타

打	卓	炭	宅	ㅍ	板	敗	品
칠 타	높을 탁	숯 탄	집 택/집 댁		널 판	패할 패	물건 품
必	筆	ㅎ	河	寒	害	許	湖
반드시 필	붓 필		물 하	찰 한	해할 해	허락할 허	호수 호
化	患	效	凶	黑			
될 화	근심 환	본받을 효	흉할 흉	검을 흑			

	배정한자	쓰기 배정한자
5급	500자	300자(6급 배정한자)

국가공인 한자능력검정시험 예상문제집 5급

유형별 완벽대비 문제

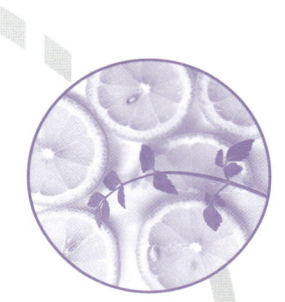

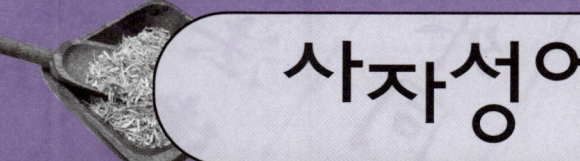

사자성어

 **실전유형**

�֍ 다음 ☐ 안에 들어갈 漢字를 例에서 골라 그 번호를 써서 漢字語를 완성하세요.

| 例 | ① 平 | ② 宅 | ③ 苦 | ④ 選 | ⑤ 林 | ⑥ 敗 | ⑦ 福 | ⑧ 無 |

(1) 男女**❶**等　　(2) 農**❺**水産　　(3) 有口**❽**言　　(4) 生死**❸**樂

---

1 다음 ☐ 안에 알맞은 漢字를 쓰세요. (1~98)

(1) 家內工☐　집 안에서 단순한 기술과 도구로써 작은 규모로 생산하는 수공업.

(2) 各自☐生　제각기 살아 나갈 방법을 꾀함.

(3) 見事生☐　일을 당하면 손바람이 난다는 뜻으로, 일을 빨리 처리함을 이르는 말.

(4) 敬天☐人　하늘을 숭배하고 인간을 사랑함.

(5) ☐☐道路　차의 빠른 통행을 위하여 만든 차 전용의 도로.

(6) 交友以☐　세속 오계의 하나로, 벗을 사귐에 믿음으로써 함을 이름.

(7) 落☐流☐　떨어지는 꽃과 흐르는 물이라는 뜻으로, 가는 봄의 경치를 이르는 말.

(8) 多情多☐　정이 많고 느낌이 많음. 감수성이 예민하여 감동하기 쉬움.

(9) 大☐天地　아주 환하게 밝은 세상.

(10) ☐☐三到　독서를 하는 세 가지 방법. 입으로 다른 말을 아니하고 책을 읽는 구도(口到), 눈으로 다른 것을 보지 않고 책만 잘 보는 안도(眼到), 마음속에 깊이 새기는 심도(心到)를 이름.

(11) 家☐教育　가정의 일상생활 가운데 집안 어른들이 자녀들에게 주는 영향이나 가르침.

(12) ☐物致知　실제 사물의 이치를 연구하여 지식을 완전하게 함.

(13) 決☐反對　죽을 각오로 있는 힘을 다하여 반대함.

(14) 高☐動物　복잡한 체제를 갖춘 동물. 보통 척추동물을 이르는데, 소화·순환·호흡 따위의 기관을 가지고 있음.

(15) ☐通信號　교차로나 횡단보도 따위에서 사람이나 차량이 질서 있게 길을 가도록 기호나 등화(燈火) 따위로 진행·정지·방향 전환·주의 따위를 나타내는 신호.

(16) 男中一☐　남자의 얼굴이 썩 뛰어나게 잘생김. 또는 그런 사람.

(17) ☐代☐孫　오래도록 내려오는 여러 대.

(18) 大書☐筆　뚜렷이 드러나게 큰 글자로 쓴다는 뜻으로, 신문 따위의 출판물에서 어떤 기사에 큰 비중을 두어 다룸을 이르는 말.

(19) 見☐生☐　어떠한 실물을 보게 되면 그것을 가지고 싶은 욕심이 생김.

(20) 敬☐孝☐　노인을 공경하고 어버이에게 효도함.

(21) ☐山流水　높은 산과 흐르는 물. 풍류의 곡조를 잘 아는 사람이 아니면 알지 못할 미묘한 거문고의 소리를 비유적으로 이르는 말.

 **정답**

1 (1) 家內工業(가내공업)　(7) 落花流水(낙화유수)　(13) 決死反對(결사반대)　(19) 見物生心(견물생심)
(2) 各自圖生(각자도생)　(8) 多情多感(다정다감)　(14) 高等動物(고등동물)　(20) 敬老孝親(경로효친)
(3) 見事生風(견사생풍)　(9) 大明天地(대명천지)　(15) 交通信號(교통신호)　(21) 高山流水(고산유수)
(4) 敬天愛人(경천애인)　(10) 讀書三到(독서삼도)　(16) 男中一色(남중일색)
(5) 高速道路(고속도로)　(11) 家庭教育(가정교육)　(17) 代代孫孫(대대손손)
(6) 交友以信(교우이신)　(12) 格物致知(격물치지)　(18) 大書特筆(대서특필)

(22) 過□相規　향약의 네 가지 덕목 가운데 하나로, 나쁜 행실을 하지 못하도록 서로 규제하는 것.

(23) 敎學相□　가르치고 배우면서 서로 성장함.

(24) □□初聞　바로 지금 처음으로 들음.

(25) 多□多能　재주와 능력이 여러 가지로 많음.

(26) 大□團結　여러 집단이나 사람이 어떤 목적을 이루려고 크게 한 덩어리로 뭉침.

(27) □□民國　아시아 대륙 동쪽에 있는 한반도와 그 부속 도서(島嶼)로 이루어진 공화국.

(28) 良藥□口　좋은 약은 입에 쓰나 병에 이롭다는 뜻으로, 충언(忠言)은 귀에 거슬리나 자신에게 이로움을 이르는 말.

(29) 無□獨女　아들이 없는 집안의 외동딸.

(30) □有天地　특별히 경치가 좋거나 분위기가 좋은 곳.

(31) 不老□生　늙지 아니하고 오래 삶.

(32) 不問曲□　옳고 그름을 따지지 않음.

(33) 士□工商　예전에, 백성을 나누던 네 가지 계급. 선비, 농부, 공장(工匠), 상인(商人)을 이르던 말.

(34) □□件件　해당되는 모든 일 또는 온갖 사건.

(35) □□兄弟　온 세상 사람이 모두 형제와 같다는 뜻으로, 친밀함을 이르는 말.

(36) 同時□發　같은 때나 시기에 한꺼번에 여러 일이 발생하는 것.

(37) 馬耳□風　말의 귀에 동풍이 불어도 아랑곳하지 아니한다는 뜻으로, 남의 말을 귀담아 듣지 아니하고 지나쳐 흘려 버림을 이르는 말.

(38) □里□天　아득히 높고 먼 하늘.

(39) 無不□知　무슨 일이든지 환히 통하여 모르는 것이 없음.

(40) □傳□傳　아버지가 아들에게 대대로 전함.

(41) 不□文字　불도의 깨달음은 마음에서 마음으로 전하는 것이므로 말이나 글에 의지하지 않는다는 말.

(42) 氷山□□　대부분이 숨겨져 있고 외부로 나타나 있는 것은 극히 일부분에 지나지 아니함을 비유적으로 이르는 말.

(43) □實無□　근거가 없음. 또는 터무니없음.

(44) □化作用　마그마가 바깥의 암석을 녹여 흡수하는 것. 또는 바깥의 암석과 화학 반응하여 성분이 바뀌는 것. 외부에서 섭취한 에너지원을 자체의 고유한 성분으로 변화시키는 일.

(45) □□不變　아주 오랜 세월 동안 변하지 아니함.

(46) 名山大□　이름난 산과 큰 내.

(47) 聞一知□　하나를 듣고 열 가지를 미루어 안다는 뜻으로, 지극히 총명함을 이르는 말.

(48) □□河淸　중국의 황허 강(黃河江)이 늘 흐려 맑을 때가 없다는 뜻으로, 아무리 오랜 시일이 지나도 어떤 일이 이루어지기 어려움을 이르는 말.

(49) 北□三友　거문고, 술, 시(詩)를 아울러 이르는 말.

(50) □□可知　묻지 아니하여도 알 수 있음.

(51) 思考□□　어떤 문제에 대하여 생각하고 궁리하는 방법이나 태도.

(52) □□以孝　세속 오계의 하나로, 어버이 섬기기를 효도로써 함.

(53) 三寒四□　7일을 주기로 사흘 동안 춥고 나흘 동안 따뜻한 기후를 말함.

정답

(22) 過失相規(과실상규)
(23) 敎學相長(교학상장)
(24) 今時初聞(금시초문)
(25) 多才多能(다재다능)
(26) 大同團結(대동단결)
(27) 大韓民國(대한민국)
(28) 良藥苦口(양약고구)
(29) 無男獨女(무남독녀)

(30) 別有天地(별유천지)
(31) 不老長生(불로장생)
(32) 不問曲直(불문곡직)
(33) 士農工商(사농공상)
(34) 事事件件(사사건건)
(35) 四海兄弟(사해형제)
(36) 同時多發(동시다발)
(37) 馬耳東風(마이동풍)

(38) 萬里長天(만리장천)
(39) 無不通知(무불통지)
(40) 父傳子傳(부전자전)
(41) 不立文字(불립문자)
(42) 氷山一角(빙산일각)
(43) 事實無根(사실무근)
(44) 同化作用(동화작용)
(45) 萬古不變(만고불변)

(46) 名山大川(명산대천)
(47) 聞一知十(문일지십)
(48) 百年河淸(백년하청)
(49) 北窓三友(북창삼우)
(50) 不問可知(불문가지)
(51) 思考方式(사고방식)
(52) 事親以孝(사친이효)
(53) 三寒四溫(삼한사온)

(54) 善□善□　성품이 착한 남자와 여자란 뜻으로, 착하고 어진 사람들을 이르는 말.

(55) 野壇法□　야외에서 크게 베푸는 설법의 자리.

(56) 語不□說　말이 조금도 사리에 맞지 아니함.

(57) □□敎育　영재아의 재능을 훌륭하게 발전시키기 위한 특수 교육.

(58) □□老人　부부의 인연을 맺어 준다는 전설상의 늙은이.

(59) 耳□口鼻　귀·눈·입·코를 아울러 이르는 말. 또는 얼굴의 생김새를 말함.

(60) 人相着□　사람의 생김새와 옷차림.

(61) 一□一□　한 번 물음에 대하여 한 번 대답함.

(62) □戰□決　싸움을 오래 끌지 아니하고 빨리 몰아쳐 이기고 짐을 결정함.

(63) □□記者　신문에 실을 자료를 수집, 취재, 집필, 편집하는 사람.

(64) 安□知足　편안한 마음으로 제 분수를 지키며 만족할 줄을 앎.

(65) 言文□致　실제로 쓰는 말과 그 말을 적은 글이 일치함.

(66) 有□無□　입은 있어도 말은 없다는 뜻으로, 변명할 말이 없거나 변명을 못함을 이르는 말.

(67) 以實□告　사실 그대로 고함.

(68) 三位一□　세 가지의 것이 하나의 목적을 위하여 통합되는 일.

(69) □□問題　이미 결과가 뻔하여 조만간 저절로 해결될 문제.

(70) □□知己　오래전부터 친히 사귀어 잘 아는 사람.

(71) □□一致　말과 행동이 서로 같음.

(72) 勇氣□倍　격려나 응원 따위에 자극을 받아 힘이나 용기를 더 냄.

(73) □□無實　이름만 그럴듯하고 실속은 없음.

(74) 以□傳□　마음과 마음으로 서로 뜻이 통함.

(75) 一□二□　한 입으로 두 말을 한다는 뜻으로, 한 가지 일에 대하여 말을 이랬다저랬다 함을 이르는 말.

(76) 一□三□　하루에 세 번 자신의 행동을 반성함.

(77) 知行合□　지식과 행동이 서로 맞음.

(78) □風明月　맑은 바람과 밝은 달.

(79) □□落葉　가을바람에 떨어지는 나뭇잎. 또는, 어떤 형세나 세력이 갑자기 기울어지거나 헤어져 흩어지는 모양을 비유함.

(80) □□活動　학교 교육의 정식 교과목 이외의 특별 학습 활동.

(81) 敗□亡□　집안의 재산을 다 써 없애고 몸을 망침.

(82) 行動□止　몸을 움직여 하는 모든 짓.

(83) □朝□夕　꽃 피는 아침과 달 밝은 밤이라는 뜻으로, 경치가 좋은 시절을 이르는 말.

(84) □□無識　글자를 한 자도 모를 정도로 무식함. 또는 그런 사람.

(85) □古以來　예로부터 지금까지의 동안.

(86) 自□植物　산이나 들, 강이나 바다에서 저절로 나는 식물.

(87) □無□無　이전에도 없었고 앞으로도 없음.

(88) □知□能　어떠한 사물이라도 잘 알고, 모든 일을 다 행할 수 있는 신불(神佛)의 능력.

(89) 下□動物　진화 정도가 낮아 몸의 구조가 단순한 원시적인 동물.

정답

(54) 善男善女(선남선녀)
(55) 野壇法席(야단법석)
(56) 語不成說(어불성설)
(57) 英才敎育(영재교육)
(58) 月下老人(월하노인)
(59) 耳目口鼻(이목구비)
(60) 人相着衣(인상착의)
(61) 一問一答(일문일답)
(62) 速戰速決(속전속결)

(63) 新聞記者(신문기자)
(64) 安分知足(안분지족)
(65) 言文一致(언문일치)
(66) 有口無言(유구무언)
(67) 以實直告(이실직고)
(68) 三位一體(삼위일체)
(69) 時間問題(시간문제)
(70) 十年知己(십년지기)
(71) 言行一致(언행일치)

(72) 勇氣百倍(용기백배)
(73) 有名無實(유명무실)
(74) 以心傳心(이심전심)
(75) 一口二言(일구이언)
(76) 一日三省(일일삼성)
(77) 知行合一(지행합일)
(78) 淸風明月(청풍명월)
(79) 秋風落葉(추풍낙엽)
(80) 特別活動(특별활동)

(81) 敗家亡身(패가망신)
(82) 行動擧止(행동거지)
(83) 花朝月夕(화조월석)
(84) 一字無識(일자무식)
(85) 自古以來(자고이래)
(86) 自生植物(자생식물)
(87) 前無後無(전무후무)
(88) 全知全能(전지전능)
(89) 下等動物(하등동물)

(90) 訓民□音　백성을 가르치는 바른 소리라는 뜻으로, 1443년에 세종이 창제한 우리나라 글자를 이르는 말.

(91) 一□一□　일면의 장점과 다른 일면의 단점.

(92) 自給自□　필요한 물자를 스스로 생산하여 충당함.

(93) 子孫□代　오래도록 내려오는 여러 대.

(94) 主客一□　주체와 객체, 주관과 객관이 하나가 됨.

(95) □災□變　지진, 홍수, 태풍 따위의 자연적 재앙.

(96) 土□工事　땅과 하천 따위를 고쳐 만드는 공사.

(97) 海水浴□　해수욕을 할 수 있는 환경과 시설이 갖추어진 바닷가.

(98) 凶惡無□　성질이 거칠고 사나우며 도의심이 없음.

2 다음 뜻에 해당하는 四字成語를 쓰세요. (1~60)

(1) 아홉 번 죽을 뻔하다 한 번 살아난다는 뜻으로, 죽을 고비를 여러 차례 넘기고 겨우 살아남을 이르는 말.
‥‥‥‥‥‥‥‥ (　　　　　)

(2) 유교 사상에서, 남자와 여자 사이에 분별이 있어야 함을 이르는 말.‥‥‥‥‥ (　　　　　)

(3) 마음이 공명하며, 조금도 사사로움이 없이 바름.
‥‥‥‥‥‥‥‥ (　　　　　)

(4) 가입자가 노령·질병·사망 등으로 소득 능력을 상실한 경우에 연금을 지급하도록 정부가 관장·운영하는 제도.
‥‥‥‥‥‥‥‥ (　　　　　)

(5) 우리나라에서, 남자는 남쪽 지방 사람이 잘나고 여자는 북쪽 지방 사람이 고움.‥‥‥ (　　　　　)

(6) 괴로움도 즐거움도 함께 함.
‥‥‥‥‥‥‥‥ (　　　　　)

(7) 사람마다 각기 다름.‥‥‥‥ (　　　　　)

(8) 남자와 여자, 늙은이와 젊은이란 뜻으로, 모든 사람을 이르는 말.‥‥‥‥‥‥‥‥ (　　　　　)

(9) 물음과는 상관없는 엉뚱한 대답.
‥‥‥‥‥‥‥‥ (　　　　　)

(10) 서로 같이 살고 같이 죽음. ‥ (　　　　　)

(11) 성과 본관이 모두 같음. ‥‥‥ (　　　　　)

(12) 찾아오는 사람이 많아 집 문 앞이 시장을 이루다시피 함을 이르는 말.‥‥‥‥‥ (　　　　　)

(13) 병사의 수가 많은 군대. ‥‥‥‥(　　　　　)

(14) 백 번 쏘아 백 번 맞힘. ‥‥‥ (　　　　　)

(15) 오륜의 하나로, 아버지와 아들 사이의 도리는 친애에 있음을 이름. ‥‥‥‥‥‥‥‥ (　　　　　)

(16) 동양과 서양, 옛날과 지금을 통틀어 이르는 말.
‥‥‥‥‥‥‥‥ (　　　　　)

(17) 먼 앞날까지 미리 내다보고 세우는 크고 중요한 계획.
‥‥‥‥‥‥‥‥ (　　　　　)

(18) 재산이 많은 사람. ‥‥‥‥‥(　　　　　)

(19) 예부터 우리 민족이 흰옷을 즐겨 입은 데서 유래한 말로, 한민족을 이름. ‥‥‥‥‥ (　　　　　)

(20) 누구에게나 좋게 대하는 일. 또는 그런 사람을 비유적으로 이르는 말. ‥‥‥‥‥‥‥ (　　　　　)

(21) 산에서도 싸우고 물에서도 싸웠다는 뜻으로, 세상의 온갖 고생과 어려움을 다 겪었음을 이르는 말.
‥‥‥‥‥‥‥‥ (　　　　　)

(22) 동쪽·서쪽·남쪽·북쪽이라는 뜻으로, 모든 방향을 이르는 말. ‥‥‥‥‥‥‥‥ (　　　　　)

(23) 한갓 글만 읽고 세상일에는 전혀 경험이 없는 사람.
‥‥‥‥‥‥‥‥ (　　　　　)

(24) 백 번 싸워 백 번 이긴다는 뜻으로, 싸울 때마다 다 이기는 것을 말함. ‥‥‥‥‥ (　　　　　)

정답

(90) 訓民正音(훈민정음)
(91) 一長一短(일장일단)
(92) 自給自足(자급자족)
(93) 子孫萬代(자손만대)
(94) 主客一致(주객일치)
(95) 天災地變(천재지변)
(96) 土木工事(토목공사)
(97) 海水浴場(해수욕장)
(98) 凶惡無道(흉악무도)

2
(1) 九死一生(구사일생)
(2) 男女有別(남녀유별)
(3) 公明正大(공명정대)
(4) 國民年金(국민연금)
(5) 南男北女(남남북녀)
(6) 同苦同樂(동고동락)
(7) 各人各色(각인각색)
(8) 男女老少(남녀노소)
(9) 東問西答(동문서답)

(10) 同生共死(동생공사)
(11) 同姓同本(동성동본)
(12) 門前成市(문전성시)
(13) 百萬大軍(백만대군)
(14) 百發百中(백발백중)
(15) 父子有親(부자유친)
(16) 東西古今(동서고금)
(17) 百年大計(백년대계)
(18) 百萬長者(백만장자)

(19) 白衣民族(백의민족)
(20) 四面春風(사면춘풍)
(21) 山戰水戰(산전수전)
(22) 東西南北(동서남북)
(23) 白面書生(백면서생)
(24) 百戰百勝(백전백승)

(25) 여러 방면. 모든 방면. …… (   )

(26) 산과 내와 풀과 나무라는 뜻으로, 자연을 이르는 말.
…………………………… (   )

(27) 서너 사람 또는 대여섯 사람이 떼를 지어 다니거나 무슨 일을 함. 또는 그런 모양. … (   )

(28) 사람이 나고 늙고 병들고 죽는 네 가지 고통.
…………………………(   )

(29) 세상의 모든 일. ………… (   )

(30) 신분상 구속받지 않으며, 자유롭고 평등한 개인의 이성적 결합으로 이루어진 사회. …… (   )

(31) 열 가운데 여덟이나 아홉 정도로 거의 대부분이거나 거의 틀림없음. ……… (   )

(32) 16세경의 꽃다운 청춘. ……(   )

(33) 하나씩 묻고 답함. …………(   )

(34) 산이나 들에서 저절로 나서 자라는 동물.
…………………………… (   )

(35) 산수의 자연을 좋아함. ……(   )

(36) 제 몸에 벌어지는 일을 모를 만큼 정신을 잃은 상태.
…………………………… (   )

(37) 우수한 화기보다 다수의 병력을 투입하여 적을 압도하는 전술.………………………… (   )

(38) 한마음 한 몸.………… (   )

(39) 태어난 해와 달과 날. …… (   )

(40) 삶과 죽음, 괴로움과 즐거움을 통틀어 이르는 말.
…………………………… (   )

(41) 해마다 일정한 시기를 정하여 놓고 하는 행사.
…………………………… (   )

(42) 사람이 산을 이루고 바다를 이루었다는 뜻으로, 사람이 수없이 많이 모인 상태. …… (   )

(43) 하루 아침과 하루 저녁이란 뜻으로, 짧은 시일을 이르는 말.
……………………………(   )

(44) 스스로 묻고 대답함. ………(   )

(45) 물려받은 재산이 없이 자기 혼자의 힘으로 집안을 일으키고 재산을 모음.………… (   )

(46) 번갯불이나 부싯돌의 불이 번쩍거리는 것과 같이 매우 짧은 시간을 비유함. ……… (   )

(47) 밤낮으로 쉬지 않고 연달아. ……(   )

(48) 세상에 견줄 만한 것이 없이 최고임.
…………………………… (   )

(49) 거침없이 자기 마음대로 할 수 있음.
…………………………… (   )

(50) 아주 다행함. …………… (   )

(51) 풀빛과 녹색은 같은 색깔이란 뜻으로, 이름은 달라도 성질이나 내용은 같다는 말. … (   )

(52) 봄·여름·가을·겨울의 네 계절.
…………………………(   )

(53) 팔도의 강산이라는 뜻으로, 우리나라 전체의 강산을 이르는 말. ……………… (   )

(54) 간 곳이나 방향을 모름. …… (   )

(55) 단단히 먹은 마음이 사흘을 가지 못함. 결심이 굳지 못함.
…………………………… (   )

(56) 온 마음과 온 힘. ………… (   )

(57) 하늘이 맑게 갠 대낮. …… (   )

(58) 풀을 주로 먹고 사는 동물. ‥ (   )

(59) 어느 모로 보나 아름다운 사람. 여러 방면에 능통한 사람을 비유적으로 이르는 말. ‥ (   )

(60) 형상과 빛깔 따위가 서로 다른 여러 가지.
…………………………… (   )

정답

(25) 四方八方 (사방팔방)
(26) 山川草木 (산천초목)
(27) 三三五五 (삼삼오오)
(28) 生老病死 (생로병사)
(29) 世上萬事 (세상만사)
(30) 市民社會 (시민사회)
(31) 十中八九 (십중팔구)
(32) 二八靑春 (이팔청춘)
(33) 一問一答 (일문일답)

(34) 野生動物 (야생동물)
(35) 樂山樂水 (요산요수)
(36) 人事不省 (인사불성)
(37) 人海戰術 (인해전술)
(38) 一心同體 (일심동체)
(39) 生年月日 (생년월일)
(40) 生死苦樂 (생사고락)
(41) 年中行事 (연중행사)
(42) 人山人海 (인산인해)

(43) 一朝一夕 (일조일석)
(44) 自問自答 (자문자답)
(45) 自手成家 (자수성가)
(46) 電光石火 (전광석화)
(47) 晝夜長川 (주야장천)
(48) 天下第一 (천하제일)
(49) 自由自在 (자유자재)
(50) 千萬多幸 (천만다행)
(51) 草綠同色 (초록동색)

(52) 春夏秋冬 (춘하추동)
(53) 八道江山 (팔도강산)
(54) 行方不明 (행방불명)
(55) 作心三日 (작심삼일)
(56) 全心全力 (전심전력)
(57) 靑天白日 (청천백일)
(58) 草食動物 (초식동물)
(59) 八方美人 (팔방미인)
(60) 形形色色 (형형색색)

동의어·유의어

실전유형

❋ 다음 漢字와 뜻이 비슷한 漢字를 골라 그 번호를 쓰세요.

(1) 根 :　① 力　❷ 本　③ 速　④ 者
(2) 社 :　❶ 會　② 使　③ 戰　④ 訓

▶ 다음 ☐ 안에 알맞은 漢字를 쓰세요. (1~94)

5급 고유한자로 이루어진 동의어·유의어

(1) 可☐ : 할 수 있거나 될 수 있음.

(2) 競☐ : 같은 목적에 대하여 앞서려고 서로 겨룸.

(3) ☐去 : 이미 지나간 때.

(4) ☐則 : 여러 사람이 다 같이 지키기로 작정한 법칙.

(5) 基☐ : 결합 조직의 기본 물질.

(6) 到☐ : 목적한 곳에 다다름.

(7) ☐典 : 국가가 제정한 통일적·체계적인 성문 법규집.

(8) ☐化 : 사물의 성질, 모양, 상태 따위가 바뀌어 달라짐.

(9) 兵☐ : 군인이나 군대를 이르는 말로, 하사관 이하의 군인.

(10) ☐卒 : 군인이나 군대를 이르던 말.

(11) ☐考 : 생각하고 궁리함.

(12) 思☐ : 근심하고 염려하는 따위의 여러 가지 생각.

(13) 順☐ : 정하여진 기준에서 말하는 전후, 좌우, 상하 따위의 차례 관계.

(14) 善☐ : 행실이나 성질이 착함.

(15) ☐約 : 함부로 쓰지 아니하고 꼭 필요한 데에만 써서 아낌.

(16) ☐止 : 움직이고 있던 것이 멎거나 그침.

(17) 終☐ : 계속된 일이나 현상의 맨 끝.

(18) 終☐ : 끝마쳐 그침.

(19) ☐惡 : 죄가 될 만한 나쁜 짓.

(20) ☐識 : 어떤 대상에 대하여 배우거나 실천을 통하여 알게 된 명확한 인식이나 이해.

(21) 充☐ : 내용이 알차고 단단함.

(22) 敗☐ : 싸움에 져서 망함.

(23) ☐冷 : 날씨 따위가 춥고 참.

(24) ☐惡 : 성질이 악하고 모짊. 모습이 흉하고 고약함.

5급 고유한자 / 6급 배정한자로 이루어진 동의어·유의어

(25) 決☐ : 행동이나 태도를 분명하게 정함. 또는 그렇게 정해진 내용.

정답

(1) 可能(옳을 가/능할 능)
(2) 競爭(다툴 경/다툴 쟁)
(3) 過去(지날 과/갈 거)
(4) 規則(법 규/법칙 칙)
(5) 基質(터 기/바탕 질)
(6) 到着(이를 도/붙을 착)
(7) 法典(법 법/법 전)
(8) 變化(변할 변/될 화)
(9) 兵士(군사 병/선비 사)
(10) 兵卒(군사 병/군사 졸)
(11) 思考(생각 사/생각할 고)
(12) 思念(생각 사/생각 념)
(13) 順序(순할 순/차례 서)
(14) 善良(착할 선/좋을 량)
(15) 節約(검소할 절/검약 약)
(16) 停止(머무를 정/그칠 지)
(17) 終末(끝날 종/끝 말)
(18) 終止(끝 종/그칠 지)
(19) 罪惡(허물 죄/악할 악)
(20) 知識(알 지/알 식)
(21) 充實(찰 충/열매 실)
(22) 敗亡(패할 패/망할 망)
(23) 寒冷(찰 한/찰 랭)
(24) 凶惡(흉할 흉/악할 악)
(25) 決定(결단할 결/정할 정)

(26) 貴[ ] : 매우 소중함.

(27) 過[ ] : 부주의나 태만 따위에서 비롯된 잘못이나 허물.

(28) 唱[ ] : 갑오개혁 이후에 발생한 근대 음악 형식의 하나.

(29) 質[ ] : 모르거나 의심나는 점을 물음.

(30) 河[ ] : 강과 시내를 아울러 이르는 말.

(31) 河[ ] : 큰 강과 바다를 아울러 이르는 말.

(32) 告[ ] : 마음속에 생각하고 있는 것이나 감추어 둔 것을 사실대로 숨김없이 말함.

(33) 法[ ] : 법도(法度)와 양식(樣式)을 아울러 이르는 말.

(34) 談[ ] : 서로 이야기를 주고받음.

(35) 技[ ] : 과학 이론을 실제로 적용하여 자연의 사물을 인간 생활에 유용하도록 가공하는 수단.

(36) 勞[ ] : 목적을 이루기 위하여 몸과 마음을 다하여 애를 씀.

(37) 養[ ] : 아이를 보살펴서 자라게 함.

(38) 調[ ] : 서로 잘 어울림.

(39) 兒[ ] : 신체적 · 지적으로 미숙한 단계에 있는 사람. 초등학교에 다니는 나이의 아이.

(40) 完[ ] : 필요한 것이 모두 갖추어져 모자람이나 흠이 없음.

(41) 實[ ] : 나무 따위를 가꾸어 얻는, 사람이 먹을 수 있는 열매.

(42) 展[ ] : 열리어 나타남.

(43) 選[ ] : 가려서 따로 나눔.

(44) 練[ ] : 학문이나 기예 따위를 익숙하도록 되풀이하여 익힘.

(45) 偉[ ] : 크게 뛰어나고 훌륭함.

6급 배정한자 / 5급 고유한자로 이루어진 동의어 · 유의어

(46) [ ]曲 : 서양 음악에서, 시에 곡을 붙인 성악곡. 보통 피아노 반주에 맞추어 부름.

(47) [ ]屋 : 사람이 사는 집.

(48) [ ]唱 : 노래를 부름.

(49) [ ]宅 : 살고 있는 집. 또는 살림하는 집.

(50) [ ]河 : 강과 하천을 아울러 이르는 말.

(51) [ ]量 : 수량을 헤아림.

(52) [ ]落 : 시골에서 여러 민가(民家)가 모여 이룬 마을. 또는 그 마을을 이룬 곳.

(53) [ ]亡 : 사람이 죽음.

(54) [ ]産 : 인간이 생활하는 데 필요한 각종 물건을 만들어 냄.

(55) [ ]初 : 맨 처음.

(56) [ ]情 : 마음속에 품고 있는 생각이나 감정.

(57) [ ]歲 : 나이의 높임말.

(58) [ ]思 : 무엇을 하고자 하는 생각.

(59) [ ]己 : 그 사람 자신.

(60) [ ]爭 : 국가와 국가, 또는 교전(交戰) 단체 사이에 무력을 사용하여 싸움.

정답

(26) 貴重(귀할 귀/무거울 중)
(27) 過失(허물 과/잃을 실)
(28) 唱歌(부를 창/노래 가)
(29) 質問(물을 질/물을 문)
(30) 河川(강이름 하/내 천)
(31) 河海(강이름 하/바다 해)
(32) 告白(고할 고/말할 백)
(33) 法式(법 법/법 식)
(34) 談話(말씀 담/말할 화)

(35) 技術(재주 기/재주 술)
(36) 勞力(수고할 로/힘 력)
(37) 養育(기를 양/기를 육)
(38) 調和(어울릴 조/화할 화)
(39) 兒童(아이 아/아이 동)
(40) 完全(완전할 완/온전할 전)
(41) 實果(열매 실/실과 과)
(42) 展開(펼 전/열 개)
(43) 選別(가릴 선/나눌 별)

(44) 練習(익힐 련/익힐 습)
(45) 偉大(클 위/큰 대)
(46) 歌曲(노래 가/가락 곡)
(47) 家屋(집 가/집 옥)
(48) 歌唱(노래 가/노래할 창)
(49) 家宅(집 가/집 택)
(50) 江河(강 강/강이름 하)
(51) 計量(셈 계/헤아릴 량)
(52) 部落(마을 부/부락 락)

(53) 死亡(죽을 사/망할 망)
(54) 生産(날 생/낳을 산)
(55) 始初(처음 시/처음 초)
(56) 心情(마음 심/뜻 정)
(57) 年歲(해 년/해 세)
(58) 意思(뜻 의/생각할 사)
(59) 自己(스스로 자/자기 기)
(60) 戰爭(싸울 전/다툴 쟁)

(61) ☐着 : 일정한 곳에 자리잡아 들러붙어 있거나 머물러 삶.

(62) ☐落 : 주로 시골에서, 여러 집이 모여 사는 곳.

(63) ☐要 : 귀중하고 요긴함.

(64) ☐初 : 하늘과 땅이 생겨난 맨 처음.

(65) ☐示 : 겉으로 드러내 보임.

(66) ☐福 : 복된 좋은 운수.

6급 배정한자로 이루어진 동의어 · 유의어

(67) 計☐ : 수를 헤아림.

(68) 公☐ : 어느 쪽으로도 치우치지 않고 고름.

(69) ☐訓 : 앞으로의 행동이나 생활에 지침이 될 만한 가르침.

(70) ☐邑 : 군과 읍을 아울러 이르는 말.

(71) 根☐ : 초목의 뿌리. 사물의 본질이나 본바탕, 자라온 환경이나 혈통을 이름.

(72) 急☐ : 급하고 빠름.

(73) ☐路 : 사람, 차 따위가 잘 다닐 수 있도록 만들어 놓은 비교적 넓은 길.

(74) ☐畫 : 그림을 그리는 일. 또는 그려 놓은 그림.

(75) 等☐ : 높고 낮음이나 좋고 나쁨 따위의 차이를 여러 층으로 구분한 단계.

(76) 明☐ : 아주 뚜렷함.

(77) 文☐ : 생각이나 감정을 말로 표현할 때 완결된 내용을 나타내는 최소의 단위.

(78) ☐正 : 말이나 행동이 바르고 반듯함.

(79) 成☐ : 사람이나 동식물 따위가 자라서 점점 커짐.

(80) ☐失 : 사라져 없어짐.

(81) 樹☐ : 나무숲.

(82) 樹☐ : 살아 있는 나무.

(83) ☐體 : 사람의 몸.

(84) 安☐ : 위험이 생기거나 사고가 날 염려가 없음.

(85) 言☐ : 생각, 느낌 따위를 나타내거나 전달하는 데에 쓰는 음성, 문자 따위의 수단.

(86) ☐遠 : 어떤 상태가 끝없이 이어짐.

(87) 衣☐ : 옷. 몸을 싸서 가리거나 보호하기 위하여 피륙 따위로 만들어 입는 물건.

(88) 正☐ : 마음에 거짓이나 꾸밈이 없이 바르고 곧음.

(89) ☐合 : 사람들을 한곳으로 모으거나 모임.

(90) ☐地 : 경지나 주거지 따위의 사람의 생활과 활동에 이용하는 땅.

(91) 便☐ : 편하고 이로우며 이용하기 쉬움.

(92) 合☐ : 둘 이상의 조직이나 개인이 모여 행동이나 일을 함께함.

(93) ☐洋 : 넓고 큰 바다.

(94) ☐社 : 상행위 또는 그 밖의 영리 행위를 목적으로 하는 사단법인.

정답

(61) 定着(정할 정/붙을 착)
(62) 村落(마을 촌/마을 락)
(63) 重要(무거울 중/중요할 요)
(64) 太初(처음 태/처음 초)
(65) 表示(겉 표/보일 시)
(66) 幸福(다행 행/복 복)
(67) 計算(셈 계/셀 산)
(68) 公平(공변될 공/평평할 평)
(69) 敎訓(가르칠 교/가르칠 훈)

(70) 郡邑(고을 군/고을 읍)
(71) 根本(뿌리 근/근본 본)
(72) 急速(급할 급/빠를 속)
(73) 道路(길 도/길 로)
(74) 圖畫(그림 도/그림 화)
(75) 等級(무리 등/등급 급)
(76) 明白(밝을 명/흰 백)
(77) 文章(글월 문/글 장)
(78) 方正(모 방/바를 정)

(79) 成長(이룰 성/자랄 장)
(80) 消失(사라질 소/잃을 실)
(81) 樹林(나무 수/수풀 림)
(82) 樹木(나무 수/나무 목)
(83) 身體(몸 신/몸 체)
(84) 安全(편안할 안/온전할 전)
(85) 言語(말씀 언/말씀 어)
(86) 永遠(길 영/멀 원)
(87) 衣服(옷 의/옷 복)

(88) 正直(바를 정/곧을 직)
(89) 集合(모일 집/합할 합)
(90) 土地(흙 토/땅 지)
(91) 便利(편할 편/이로울 리)
(92) 合同(합할 합/같을 동)
(93) 海洋(바다 해/바다 양)
(94) 會社(모일 회/모일 사)

반의어 · 상대어

실전유형

✱ 다음 漢字의 反對字 또는 相對字를 골라 번호를 쓰세요.

(1) 東 :	① 足	② 弱	❸ 西	④ 下
(2) 內 :	① 生	② 線	③ 午	❹ 外
(3) 先 :	① 衣	❷ 後	③ 身	④ 定

▶ 다음 □ 안에 알맞은 漢字를 쓰세요. (1~67)

5급 고유한자로 이루어진 반의어 · 상대어

(1) 吉□ : 운이 좋고 나쁨.

(2) □落 : 당선과 낙선을 아울러 이르는 말.

(3) 賣□ : 물건을 팔고 사는 일.

(4) 氷□ : 얼음과 숯이라는 뜻으로, 서로 정반대가 되어 용납하지 못하는 관계를 이르는 말.

(5) □惡 : 착한 것과 악한 것을 아울러 이르는 말.

5급 고유한자 / 6급 배정한자로 이루어진 반의어 · 상대어

(6) 去□ : 주고받음. 또는 사고팖.

(7) 輕□ : 가벼움과 무거움. 또는 중요한 것과 중요하지 않은 것.

(8) 曲□ : 굽음과 곧음이라는 뜻으로, 사리의 옳고 그름을 이르는 말.

(9) 勞□ : 노동자와 사용자를 아울러 이르는 말.

(10) 都□ : 도시와 농촌.

(11) 陸□ : 육지와 바다를 아울러 이르는 말.

(12) 因□ : 원인과 결과를 아울러 이르는 말.

(13) 着□ : 출발과 도착.

(14) 黑□ : 검은색과 흰색을 아울러 이르는 말.

6급 배정한자 / 5급 고유한자로 이루어진 반의어 · 상대어

(15) □過 : 공로와 과실을 아울러 이르는 말.

(16) □實 : 겉에 드러난 이름과 속에 있는 실상.

(17) □着 : 출발과 도착을 아울러 이르는 말.

(18) □末 : 사물이나 일의 처음과 끝.

(19) □河 : 산과 내를 아울러 이르는 말.

(20) □敗 : 성공과 실패.

(21) □敗 : 승리와 패배.

(22) □終 : 처음과 끝을 아울러 이르는 말.

(23) □舊 : 새것과 헌것을 아울러 이르는 말.

(24) □惡 : 사랑과 미움.

(25) □冷 : 따뜻한 기운과 찬 기운.

(26) □無 : 있음과 없음.

(27) □害 : 이익과 손해를 아울러 이르는 말.

정답

(1) 吉凶(길할 길/흉할 흉)
(2) 當落(마땅 당/떨어질 락)
(3) 賣買(팔 매/살 매)
(4) 氷炭(얼음 빙/숯 탄)
(5) 善惡(착할 선/악할 악)
(6) 去來(갈 거/올 래)
(7) 輕重(가벼울 경/무거울 중)
(8) 曲直(굽을 곡/곧을 직)
(9) 勞使(수고할 로/부릴 사)
(10) 都農(도읍 도/농사 농)
(11) 陸海(뭍 륙/바다 해)
(12) 因果(인할 인/결과 과)
(13) 着發(붙을 착/쏠 발)
(14) 黑白(검을 흑/흰 백)
(15) 功過(공 공/허물 과)
(16) 名實(이름 명/열매 실)
(17) 發着(쏠 발/붙을 착)
(18) 本末(근본 본/끝 말)
(19) 山河(메 산/강이름 하)
(20) 成敗(이룰 성/패할 패)
(21) 勝敗(이길 승/패할 패)
(22) 始終(처음 시/끝날 종)
(23) 新舊(새로울 신/예 구)
(24) 愛惡(사랑 애/미워할 오)
(25) 溫冷(따뜻할 온/찰 랭)
(26) 有無(있을 유/없을 무)
(27) 利害(이할 리/해칠 해)

(28) ☐他 : 자기와 남을 아울러 이르는 말.

(29) ☐客 : 주인과 손을 아울러 이르는 말.

6급 배정한자로 이루어진 반의어·상대어

(30) 江☐ : 강과 산이라는 뜻으로, 자연의 경치를 이름.

(31) ☐弱 : 강하고 약함. 또는 그런 정도.

(32) 古☐ : 예전과 지금을 아울러 이르는 말.

(33) ☐樂 : 괴로움과 즐거움을 아울러 이르는 말.

(34) ☐學 : 가르치는 일과 배우는 일.

(35) 男☐ : 남자와 여자를 아울러 이르는 말.

(36) 南☐ : 남쪽과 북쪽을 아울러 이르는 말.

(37) 內☐ : 안과 밖을 아울러 이르는 말.

(38) ☐少 : 늙은이와 젊은이를 아울러 이르는 말.

(39) ☐少 : 분량이나 정도의 많음과 적음.

(40) 大☐ : 크고 작음.

(41) 東☐ : 동쪽과 서쪽을 아울러 이르는 말.

(42) 問☐ : 물음과 대답. 또는 서로 묻고 대답함.

(43) ☐心 : 물질적인 것과 정신적인 것.

(44) ☐子 : 아버지와 아들을 아울러 이르는 말.

(45) 死☐ : 죽기와 살기. 중대한 문제를 비유하는 말.

(46) 山☐ : 산과 물이라는 뜻으로, 경치를 이르는 말.

(47) ☐下 : 위와 아래를 아울러 이르는 말.

(48) ☐後 : 먼저와 나중을 아울러 이르는 말.

(49) ☐足 : 손과 발을 아울러 이르는 말.

(50) 水☐ : 물과 불을 아울러 이르는 말.

(51) 心☐ : 마음과 몸을 아울러 이르는 말.

(52) 言☐ : 말과 행동을 아울러 이르는 말.

(53) ☐近 : 멀고 가까움.

(54) ☐月 : 해와 달을 아울러 이르는 말.

(55) 子☐ : 아들과 딸을 통틀어 이르는 말.

(56) ☐今 : 어제와 오늘을 아울러 이르는 말.

(57) 長☐ : 길고 짧음.

(58) 前☐ : 앞과 뒤를 아울러 이르는 말.

(59) ☐夕 : 아침과 저녁을 아울러 이르는 말.

(60) 祖☐ : 할아버지와 손자를 아울러 이르는 말.

(61) 朝☐ : 조정과 민간을 통틀어 이르는 말.

(62) ☐右 : 왼쪽과 오른쪽을 아울러 이르는 말.

(63) ☐夜 : 밤과 낮을 아울러 이르는 말.

(64) 天☐ : 하늘과 땅을 아울러 이르는 말.

(65) 春☐ : 봄과 가을.

(66) ☐入 : 어느 곳을 드나듦.

(67) ☐弟 : 형과 아우를 아울러 이르는 말.

정답
(28) 自他(스스로 자/다를 타)
(29) 主客(주인 주/손 객)
(30) 江山(강 강/메 산)
(31) 強弱(굳셀 강/약할 약)
(32) 古今(옛 고/이제 금)
(33) 苦樂(괴로울 고/즐길 락)
(34) 教學(가르칠 교/배울 학)
(35) 男女(사내 남/계집 녀)
(36) 南北(남녘 남/북녘 북)
(37) 內外(안 내/바깥 외)
(38) 老少(늙을 로/젊을 소)
(39) 多少(많을 다/적을 소)
(40) 大小(큰 대/작을 소)
(41) 東西(동녘 동/서녘 서)
(42) 問答(물을 문/대답 답)
(43) 物心(물건 물/마음 심)
(44) 父子(아비 부/아들 자)
(45) 死活(죽을 사/살 활)
(46) 山水(메 산/물 수)
(47) 上下(위 상/아래 하)
(48) 先後(먼저 선/뒤 후)
(49) 手足(손 수/발 족)
(50) 水火(물 수/불 화)
(51) 心身(마음 심/몸 신)
(52) 言行(말씀 언/행할 행)
(53) 遠近(멀 원/가까울 근)
(54) 日月(해 일/달 월)
(55) 子女(아들 자/계집 녀)
(56) 昨今(어제 작/이제 금)
(57) 長短(긴 장/짧을 단)
(58) 前後(앞 전/뒤 후)
(59) 朝夕(아침 조/저녁 석)
(60) 祖孫(할아버지 조/손자 손)
(61) 朝野(조정 조/들 야)
(62) 左右(왼 좌/오른 우)
(63) 晝夜(낮 주/밤 야)
(64) 天地(하늘 천/땅 지)
(65) 春秋(봄 춘/가을 추)
(66) 出入(날 출/들 입)
(67) 兄弟(맏 형/아우 제)

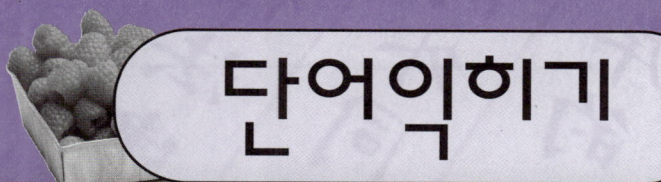

단어익히기

실전유형

1. 다음 漢字語의 讀音을 쓰세요.	例 漢字 → 한자
	(1) 圖表 도표　　(2) 競爭 경쟁

2. 다음 밑줄 친 漢字語를 漢字로 쓰세요.	(1) <u>조회</u> 시간에는 모든 학생들이 참석해야 한다. 朝會
	(2) <u>월말</u>에는 은행이 몹시 붐빈다. 月末
	(3) 나의 꿈은 <u>발명</u>가이다. 發明

1 다음 漢字語의 讀音을 쓰세요. (1~83)

(1) 價格(　　) : 물건이 지니고 있는 가치를 돈으로 나타낸 것.

(2) 可能(　　) : 할 수 있거나 될 수 있음.

(3) 可望(　　) : 바랄 수 있는 희망.

(4) 改良(　　) : 나쁜 점을 보완하여 더 좋게 고침.

(5) 改善(　　) : 좋게 고침.

(6) 結末(　　) : 일을 맺는 끝. 끝장.

(7) 結束(　　) : 뜻이 같은 사람이 서로 결합함.

(8) 輕量(　　) : 가벼운 무게.

(9) 競爭(　　) : 같은 목적에 관하여 서로 겨루어 다툼.

(10) 考案(　　) : 연구하여 새로운 안을 생각해 냄.

(11) 曲調(　　) : 음악이나 가사의 가락.

(12) 過勞(　　) : 지나치게 일하여 고달픔.

(13) 觀望(　　) : 형세를 바라봄.

(14) 廣告(　　) : 세상에 널리 알림.

(15) 貴下(　　) : 상대편을 높여 이름 다음에 붙여 쓰거나 상대를 높여 쓰는 인칭대명사.

(16) 規約(　　) : 서로 지키도록 협의하여 정하여 놓은 규칙.

(17) 汽船(　　) : 증기력으로 추진, 운행하는 배.

(18) 落島(　　) : 외따로 떨어져 있는 섬.

(19) 團結(　　) : 많은 사람이 마음과 힘을 한데 뭉침.

(20) 團束(　　) : 주의를 기울여 다잡거나 보살핌.

(21) 德談(　　) : 잘 되기를 비는 말.

(22) 德性(　　) : 어질고 너그러운 성질.

(23) 都賣(　　) : 물건을 낱개로 팔지 않고 모개로 팖.

(24) 良識(　　) : 뛰어난 식견이나 건전한 판단.

(25) 末期(　　) : 정해진 기간이나 일의 끝 무렵.

(26) 賣買(　　) : 물건을 팔고 사는 일.

(27) 賣店(　　) : 어떤 기관이나 단체 안에서 물건을 파는 작은 가게.

(28) 無能(　　) : 능력이나 재능이 없음.

(29) 倍加(　　) : 갑절 또는 몇 배로 늘어남.

(30) 法規(　　) : 법률과 규칙.

정답

1 (1) 가격　(5) 개선　(9) 경쟁　(13) 관망　(17) 기선　(21) 덕담　(25) 말기　(29) 배가
(2) 가능　(6) 결말　(10) 고안　(14) 광고　(18) 낙도　(22) 덕성　(26) 매매　(30) 법규
(3) 가망　(7) 결속　(11) 곡조　(15) 귀하　(19) 단결　(23) 도매　(27) 매점
(4) 개량　(8) 경량　(12) 과로　(16) 규약　(20) 단속　(24) 양식　(28) 무능

(31) 變質(　　) : 성질이 달라지거나 물질의 질이 변함.

(32) 變化(　　) : 사물의 모양·성질·상태 따위가 바뀌어 달라짐.

(33) 兵法(　　) : 군사를 지휘하여 전쟁하는 방법.

(34) 奉養(　　) : 웃어른을 받들어 모심.

(35) 奉祝(　　) : 공경하는 마음으로 축하함.

(36) 氷板(　　) : 얼음이 깔린 길바닥.

(37) 思考(　　) : 생각하고 궁리함.

(38) 史料(　　) : 역사 연구에 필요한 문헌이나 유물, 기록, 건축 등을 이름.

(39) 相談(　　) : 문제를 해결하거나 궁금증을 풀기 위하여 서로 의논함.

(40) 商船(　　) : 상업상 목적에 쓰이는 선박.

(41) 賞品(　　) : 상으로 주는 물건.

(42) 商品(　　) : 사고파는 물품.

(43) 善良(　　) : 행실이나 성질이 착함.

(44) 首都(　　) : 한 나라의 중앙 정부가 있는 도시.

(45) 宿患(　　) : 오래 묵은 병.

(46) 順産(　　) : 산모가 아무 탈 없이 순조롭게 아이를 낳음.

(47) 實技(　　) : 실제의 기능이나 기술.

(48) 惡德(　　) : 도덕에 어긋나는 나쁜 마음이나 나쁜 짓.

(49) 案件(　　) : 토의하거나 조사해야 할 사실.

(50) 量産(　　) : 많이 만들어 냄.

(51) 旅費(　　) : 여행 비용. 노자.

(52) 歷史(　　) : 인간 사회가 거쳐 온 변천의 모습.

(53) 完結(　　) : 완전하게 끝맺음.

(54) 要件(　　) : 필요한 조건.

(55) 要因(　　) : 사물, 사건의 성립 또는 발현에 직접 원인이 되는 요소.

(56) 雨期(　　) : 일 년 중 비가 많이 오는 시기.

(57) 元首(　　) : 한 나라의 최고 통치권을 가진 사람.

(58) 耳順(　　) : 어떤 말을 들어도 귀에 거슬리지 않는 나이인 예순을 일컬음.

(59) 任期(　　) : 임무를 맡아보는 일정한 기간.

(60) 再考(　　) : 다시 생각함. 고쳐 생각함.

(61) 再唱(　　) : 다시 노래를 부름.

(62) 災害(　　) : 재앙으로 인하여 받은 피해.

(63) 展望(　　) : 멀리 바라봄.

(64) 展示(　　) : 여러 가지 물품을 한곳에 벌여 놓고 보임.

(65) 切望(　　) : 간절히 바람.

(66) 終結(　　) : 일을 끝냄.

(67) 罪惡(　　) : 중죄가 될 만한 악행.

(68) 罪責(　　) : 잘못을 저지른 책임.

(69) 知己(　　) : 자기의 속마음을 참되게 알아주는 친구.

(70) 參觀(　　) : 어떤 자리에 직접 나아가서 봄.

(71) 責望(　　) : 허물을 들어 꾸짖음.

(72) 責任(　　) : 맡아서 해야 할 임무나 의무.

(73) 鐵則(　　) : 변경하거나 어길 수 없는 중요하고 굳은 규칙.

(74) 鐵板(　　) : 쇠를 얄팍하게 늘여 만든 판.

정답							
(31) 변질	(37) 사고	(43) 선량	(49) 안건	(55) 요인	(61) 재창	(67) 죄악	(73) 철칙
(32) 변화	(38) 사료	(44) 수도	(50) 양산	(56) 우기	(62) 재해	(68) 죄책	(74) 철판
(33) 병법	(39) 상담	(45) 숙환	(51) 여비	(57) 원수	(63) 전망	(69) 지기	
(34) 봉양	(40) 상선	(46) 순산	(52) 역사	(58) 이순	(64) 전시	(70) 참관	
(35) 봉축	(41) 상품	(47) 실기	(53) 완결	(59) 임기	(65) 절망	(71) 책망	
(36) 빙판	(42) 상품	(48) 악덕	(54) 요건	(60) 재고	(66) 종결	(72) 책임	

(75) 充當(　　) : 모자라는 것을 채워 메움.

(76) 卓見(　　) : 두드러진 의견이나 견해.

(77) 品貴(　　) : 물건을 구하기 어려움.

(78) 品種(　　) : 물품의 종류.

(79) 筆順(　　) : 글씨를 쓸 때의 획의 순서.

(80) 寒害(　　) : 추위로 입는 피해.

(81) 害惡(　　) : 해로움과 악함을 아울러 이르는 말.

(82) 效能(　　) : 효험을 나타내는 능력.

(83) 凶惡(　　) : 성질이 악하고 고약함.

② 다음 □ 안에 알맞은 漢字를 쓰세요. (1~175)

(1) 客□ : 자기 집을 멀리 떠나 임시로 있는 곳.

(2) 都□ : 도회의 중심.

(3) 筆□ : 글씨를 씀.

(4) 舉□ : 손을 위로 들어올림.

(5) 救□ : 사람의 목숨을 구함.

(6) 舊□ : 옛날 습관. 예부터 내려오는 낡은 습관.

(7) 格□ : 격에 맞는 법식.

(8) 河□ : 강의 어귀.

(9) 寒□ : 추운 기운.

(10) 當□ : 어떤 일을 책임지고 돌보는 차례가 됨.

(11) 當□ : 바로 눈앞에 당함.

(12) 建□ : 사람이 들어 살거나 일을 하거나 물건을 넣어 두기 위한 집.

(13) 化□ : 어떤 추상적인 특질이 구체화된 것.

(14) 患□ : 근심 때문에 생기는 고통.

(15) 勞□ : 노동자와 사용자.

(16) 勞□ : 힘들여 수고하고 애씀.

(17) 福□ : 행복과 이익을 아울러 이르는 말.

(18) 冷□ : 차가운 물.

(19) 冷□ : 푸대접. 차갑게 대접함.

(20) 亡□ : 자기의 지위, 명예, 체면 따위를 망침.

(21) 改□ : 주로 문서의 내용 따위를 고쳐 바르게 함.

(22) 必□ : 반드시 이김.

(23) 費□ : 물건을 사거나 어떤 일을 하는 데 드는 돈.

(24) 比□ : 다른 것과 비교할 때 차지하는 중요도.

(25) 氷□ : 얼음판의 위.

(26) 吉□ : 운이 좋거나 상서로운 날.

(27) 凶□ : 농작물의 소출이 적음.

(28) 朗□ : 소리 내어 읽음.

(29) 士□ : 선비의 꿋꿋한 기개.

(30) 宅□ : 집터.

(31) 落□ : 높은 데서 낮은 데로 떨어짐.

(32) 吉□ : 좋은 운수.

(33) 基□ : 어떤 목적을 위하여 모아서 준비해 놓은 자금.

(34) 査□ : 조사, 심사하여 결정함.

(35) 打□ : 곡식의 이삭을 떨어 알곡을 거두는 일.

(36) 産□ : 아기를 갓 낳은 여자.

정답

(75) 충당
(76) 탁견
(77) 품귀
(78) 품종
(79) 필순
(80) 한해

(81) 해악
(82) 효능
(83) 흉악
② (1) 客地(객지)
(2) 都心(도심)
(3) 筆記(필기)

(4) 舉手(거수)
(5) 救命(구명)
(6) 舊習(구습)
(7) 格式(격식)
(8) 河口(하구)
(9) 寒氣(한기)

(10) 當番(당번)
(11) 當面(당면)
(12) 建物(건물)
(13) 化身(화신)
(14) 患苦(환고)
(15) 勞使(노사)

(16) 勞苦(노고)
(17) 福利(복리)
(18) 冷水(냉수)
(19) 冷待(냉대)
(20) 亡身(망신)
(21) 改正(개정)

(22) 必勝(필승)
(23) 費用(비용)
(24) 比重(비중)
(25) 氷上(빙상)
(26) 吉日(길일)
(27) 凶作(흉작)

(28) 朗讀(낭독)
(29) 士氣(사기)
(30) 宅地(택지)
(31) 落下(낙하)
(32) 吉運(길운)
(33) 基金(기금)

(34) 査定(사정)
(35) 打作(타작)
(36) 産母(산모)

(37) 産[ ] : 산출지. 생산되어 나오는 곳.

(38) 寫[ ] : 실물이나 실경을 꼭 그대로 그림.

(39) 期[ ] : 어느 일정한 시기부터 다른 일정한 시기까지의 사이.

(40) 相[ ] : 서로 어긋남. 서로 반대됨.

(41) 局[ ] : 어떤 일이 벌어진 장면이나 형편.

(42) 見[ ] : 보고 들음.

(43) 相[ ] : 서로 막힘없이 길이 트임. 서로 마음과 뜻이 통함.

(44) 患[ ] : 병이나 상처가 난 자리.

(45) 必[ ] : 반드시 읽어야 함.

(46) 打[ ] : 이해 관계를 따져 셈하여 봄.

(47) 他[ ] : 다른 사람.

(48) 無[ ] : 형상이나 형체가 없음.

(49) 他[ ] : 자기 나라가 아닌 남의 나라.

(50) 鮮[ ] : 산뜻하고 밝음.

(51) 選[ ] : 가려서 따로 나눔.

(52) 善[ ] : 착하고 어진 행실.

(53) 關[ ] : 어떤 것에 마음이 끌려 주의를 기울임.

(54) 說[ ] : 다른 사람이 수긍하도록 타일러서 가르침.

(55) 黑[ ] : 음흉하고 부정한 마음. 검은 마음.

(56) 性[ ] : 성미가 팔팔하고 급함.

(57) 洗[ ] : 손이나 얼굴을 씻음.

(58) 歲[ ] : 흘러가는 시간.

(59) 致[ ] : 죽음에 이름. 또는 죽게 함.

(60) 致[ ] : 죽을 지경에 이름.

(61) 廣[ ] : 크고 넓음.

(62) 首[ ] : 등급이나 직위 등에서 맨 윗자리.

(63) 宿[ ] : 집을 떠난 사람이 임시로 묵는 곳.

(64) 宿[ ] : 학생들에게 복습이나 예습을 위하여 집에서 하도록 내주는 과제.

(65) 救[ ] : 위급한 상황에서 구하여 냄.

(66) 順[ ] : 순한 이치나 도리.

(67) 廣[ ] : 텅 비고 아득히 넓은 들.

(68) 告[ ] : 피해자가 아닌 사람이 범죄 사실을 신고하는 일.

(69) 祝[ ] : 축하의 뜻을 담은 노래.

(70) 固[ ] : 일정한 곳에 있어 움직이지 않음.

(71) 固[ ] : 일정한 모양과 부피가 있으며 쉽게 변형되지 않는 물질의 상태.

(72) 識[ ] : 분별하여 알아봄.

(73) 效[ ] : 보람 있게 쓰거나 쓰임.

(74) 最[ ] : 수준이나 등급 따위의 맨 위.

(75) 課[ ] : 처리하거나 해결해야 할 문제.

(76) 景[ ] : 매매나 거래에 나타나는 호황·불황 따위의 경제 활동 상태.

(77) 過[ ] : 자동차 등의 주행 속도를 너무 빠르게 함.

(78) 最[ ] : 가장 오래됨.

(79) 實[ ] : 사실로 있는 일.

(80) 實[ ] : 이미 배운 이론을 토대로 하여 실지로 해 보고 익히는 일.

정답

(37) 産地(산지)
(38) 寫生(사생)
(39) 期間(기간)
(40) 相反(상반)
(41) 局面(국면)
(42) 見聞(견문)

(43) 相通(상통)
(44) 患部(환부)
(45) 必讀(필독)
(46) 打算(타산)
(47) 他人(타인)
(48) 無形(무형)

(49) 他國(타국)
(50) 鮮明(선명)
(51) 選別(선별)
(52) 善行(선행)
(53) 關心(관심)
(54) 說敎(설교)

(55) 黑心(흑심)
(56) 性急(성급)
(57) 洗手(세수)
(58) 歲月(세월)
(59) 致死(치사)
(60) 致命(치명)

(61) 廣大(광대)
(62) 首席(수석)
(63) 宿所(숙소)
(64) 宿題(숙제)
(65) 救急(구급)
(66) 順理(순리)

(67) 廣野(광야)
(68) 告發(고발)
(69) 祝歌(축가)
(70) 固定(고정)
(71) 固體(고체)
(72) 識別(식별)

(73) 效用(효용)
(74) 最上(최상)
(75) 課題(과제)
(76) 景氣(경기)
(77) 過速(과속)
(78) 最古(최고)

(79) 實事(실사)
(80) 實習(실습)

(81) 實☐ : 실제로 씀.

(82) 敬☐ : 공경하는 뜻을 나타내는 말. 높임말.

(83) 決☐ : 행동이나 태도를 분명하게 정함.

(84) 見☐ : 전체 상품의 품질, 효용 등을 알리기 위한 소량의 본보기 상품.

(85) 案☐ : 어떤 내용을 소개하여 알려줌.

(86) 決☐ : 할 일에 대하여 마음을 굳게 정함.

(87) 約☐ : 어떤 수나 식을 나머지 없이 나눌 수 있는 수나 식.

(88) 敗☐ : 싸움에 질 기미.

(89) 敗☐ : 싸움에서 지는 것.

(90) 養☐ : 길러 냄.

(91) 商☐ : 상품을 사고파는 행위를 통하여 이익을 얻는 일.

(92) 初☐ : 맨 처음 또는 최저의 등급이나 단계.

(93) 魚☐ : 생선. 또는 생선을 가공하여 말린 것.

(94) 漁☐ : 물고기, 조개, 김, 미역 등을 잡거나 기르는 산업.

(95) 着☐ : 옷을 입음. 남의 금품을 부당하게 자기 것으로 함.

(96) 旅☐ : 일이나 유람의 목적으로 다른 고장이나 외국에 가는 일.

(97) 種☐ : 여러 가지 종류에 따라 나눈 항목.

(98) 熱☐ : 뜨거운 기운.

(99) 念☐ : 생각의 시초. 마음속.

(100) 領☐ : 영토나 영해 위의 하늘.

(101) 以☐ : 일정한 범위나 한도의 안.

(102) 卒☐ : 규정된 학과 과정을 마침.

(103) 停☐ : 전기가 한때 끊어짐.

(104) 操☐ : 잘못이나 실수가 없도록 말이나 행동에 마음을 씀.

(105) 完☐ : 공사를 완성함.

(106) 偉☐ : 뛰어나고 훌륭한 사람.

(107) 調☐ : 이것저것을 서로 잘 어울리게 함.

(108) 傳☐ : 한 사람의 일생의 행적을 적은 기록.

(109) 赤☐ : 짙은 붉은색.

(110) 友☐ : 형제 사이의 정.

(111) 種☐ : 종류에 따라 구별함.

(112) 牛☐ : 소의 쓸개에 병으로 생긴 덩어리.

(113) 雲☐ : 구름처럼 많이 모임.

(114) 雲☐ : 구름이 덮인 바다.

(115) 願☐ : 지원하는 내용을 적은 서류.

(116) 節☐ : 전기를 아껴 씀.

(117) 原☐ : 사물의 근본이 되는 이치.

(118) 原☐ : 처음, 시초. 자연 그대로 사람의 손이 가해지지 않음.

(119) 財☐ : 돈이나 그 밖의 값나가는 모든 물건.

(120) 原☐ : 땅속에서 뽑아낸, 정제되지 않은 석유.

(121) 元☐ : 첫 대의 조상. 어떤 일을 시작한 사람.

(122) 唱☐ : 곡조에 맞추어 노래를 부름.

(123) 流☐ : 옷, 화장, 사상 등의 양식이 일시적으로 널리 퍼지는 현상.

(124) 因☐ : 이전부터 전하여 내려오는 습관.

정답

(81) 實用(실용)　(87) 約數(약수)　(93) 魚物(어물)　(99) 念頭(염두)　(105) 完工(완공)　(111) 種別(종별)　(117) 原理(원리)　(123) 流行(유행)
(82) 敬語(경어)　(88) 敗色(패색)　(94) 漁業(어업)　(100) 領空(영공)　(106) 偉人(위인)　(112) 牛黃(우황)　(118) 原始(원시)　(124) 因習(인습)
(83) 決定(결정)　(89) 敗北(패배)　(95) 着服(착복)　(101) 以內(이내)　(107) 調和(조화)　(113) 雲集(운집)　(119) 財物(재물)
(84) 見本(견본)　(90) 養成(양성)　(96) 旅行(여행)　(102) 卒業(졸업)　(108) 傳記(전기)　(114) 雲海(운해)　(120) 原油(원유)
(85) 案內(안내)　(91) 商業(상업)　(97) 種目(종목)　(103) 停電(정전)　(109) 赤色(적색)　(115) 願書(원서)　(121) 元祖(원조)
(86) 決心(결심)　(92) 初級(초급)　(98) 熱氣(열기)　(104) 操心(조심)　(110) 友愛(우애)　(116) 節電(절전)　(122) 唱歌(창가)

(125) 陸□ : 땅.

(126) 貯□ : 돈을 모아 둠.

(127) 着□ : 공사를 시작함.

(128) 質□ : 꾸민 데가 없이 수수함.

(129) 週□ : 월요일부터 일요일까지 한 주일 동안.

(130) 加□ : 속도를 더함.

(131) 黑□ : 검은 글자. 수입이 지출보다 많아 잉여 이익이 생기는 일.

(132) 質□ : 모르거나 의심나는 점을 물음.

(133) 士□□ : 문벌이 높은 집안의 사람.

(134) □良 : 행실이 나쁨.

(135) □店 : 영업의 본거지가 되는 점포.

(136) □景 : 눈 내리는 경치. 눈이 쌓인 경치.

(137) □任 : 간섭하지 아니하고 내버려 둠.

(138) □兵 : 용감한 병사.

(139) □位 : 어떤 방향의 위치.

(140) □流 : 강물 따위가 흘러 내리는 위쪽.

(141) □化 : 사람의 지혜가 열려 사상과 풍속이 진보함.

(142) □品 : 쓸 만한 값어치가 있는 물건.

(143) □要 : 강제로 요구함.

(144) □馬 : 이름난 말.

(145) □談 : 서로 만나서 이야기함.

(146) □價 : 일정한 시기의 물건 값.

(147) □終 : 처음과 끝.

(148) □奉 : 믿고 받듦.

(149) □能 : 모든 일에 다 능통함.

(150) □案 : 미술 작품을 만들 때, 그 현상이나 모양, 색채, 배치 등을 연구하여 그림으로 나타낸 것.

(151) □談 : 마주 대하고 말함.

(152) □念 : 굳게 믿는 마음.

(153) □福 : 복이 많음.

(154) □患 : 병의 높임말.

(155) □情 : 어떤 현상이나 일에 대한 마음이나 느끼는 기분.

(156) □着 : 한 곳에 자리 잡아 떠나지 않음.

(157) □雄 : 지력과 재능, 담력 등이 뛰어나서 대업을 성취하는 사람.

(158) □效 : 약의 효험.

(159) □景 : 밤의 경치.

(160) □質 : 음의 좋고 나쁜 상태.

(161) □費 : 식사의 비용. 식대.

(162) □宿 : 여럿이 한 곳에서 먹고 자며 지냄.

(163) □格 : 시험, 검사, 심사 등에서 일정한 조건을 갖추어 어떤 자격이나 자위를 얻음.

(164) □他 : 집에 있지 않고 다른 곳에 나감.

(165) □技 : 특별한 기능.

(166) □院 : 병원 등에 치료 받으러 다님.

(167) □局 : 형세와 국면.

(168) □原 : 풀이 난 들.

(169) □質 : 형태와 성질. 생긴 모양과 그 바탕.

(170) □善 : 친하여 사이가 좋음.

정답

(125) 陸地(육지) (131) 黑字(흑자) (137) 放任(방임) (143) 強要(강요) (149) 萬能(만능) (155) 感情(감정) (161) 食費(식비) (167) 形局(형국)
(126) 貯金(저금) (132) 質問(질문) (138) 勇兵(용병) (144) 名馬(명마) (150) 圖案(도안) (156) 定着(정착) (162) 合宿(합숙) (168) 草原(초원)
(127) 着工(착공) (133) 士大夫(사대부) (139) 方位(방위) (145) 面談(면담) (151) 對談(대담) (157) 英雄(영웅) (163) 合格(합격) (169) 形質(형질)
(128) 質朴(질박) (134) 不良(불량) (140) 上流(상류) (146) 時價(시가) (152) 信念(신념) (158) 藥效(약효) (164) 出他(출타) (170) 親善(친선)
(129) 週間(주간) (135) 本店(본점) (141) 開化(개화) (147) 始終(시종) (153) 多福(다복) (159) 夜景(야경) (165) 特技(특기)
(130) 加速(가속) (136) 雪景(설경) (142) 物品(물품) (148) 信奉(신봉) (154) 病患(병환) (160) 音質(음질) (166) 通院(통원)

(171) ☐ 結 : 직접적인 연결.

(172) ☐ 流 : 일정 방향을 거의 일정 속도로 이동하는 바닷물의 흐름.

(173) ☐ 示 : 겉으로 드러내 보임.

(174) ☐ 仕 : 벼슬하여 관아에 나아감.

(175) ☐ 河 ☐ : 밤하늘의 은하계를 강에 비유한 말.

3 다음 ☐ 안에 알맞은 漢字語를 쓰세요. (1~67)

(1) ☐☐ : 종이의 총칭.

(2) ☐☐ : 서류, 원고 등을 만듦.

(3) ☐☐ : 어젯밤.

(4) ☐☐ : 장내로 들어감.

(5) ☐☐ : 숲과 들을 아울러 이르는 말.

(6) ☐☐ : 바깥 세계.

(7) ☐☐ : 하늘에 나타난 조짐.

(8) ☐☐ : 자라서 어른이 됨.

(9) ☐☐ : 예를 갖추기 위하여 보내는 물건.

(10) ☐☐ : 예로서 드는 문장.

(11) ☐☐ : 남을 대하기에 떳떳한 도리나 얼굴.

(12) ☐☐ : 한자의 구조 및 사용에 관한 여섯 가지의 구별 명칭. 곧 상형(象形), 지사(指事), 회의(會意), 형성(形聲), 전주(轉注), 가차(假借).

(13) ☐☐ : 낮. 낮 동안.

(14) ☐☐ : 이익이 있음.

(15) ☐☐ : 육지에서 멀리 떨어진 넓은 바다.

(16) ☐☐ : 먹고 마심.

(17) ☐☐ : 겨루어 이김.

(18) ☐☐ : 선천적으로 타고난 재주, 또는 그런 재능을 가진 사람.

(19) ☐☐ : 한 사람 또는 같은 종류나 시대의 저작을 모아 한 질로 출판한 책.

(20) ☐☐ : 전쟁을 위한 기술과 방법.

(21) ☐☐ : 글자 쓰기를 배워 익힘.

(22) ☐☐ : 빨리 이룸.

(23) ☐☐ : 빠른 정도. 물체의 단위 시간 내에서의 위치 변화.

(24) ☐☐ : 벼슬길에 오르지 않고 민간에 있음.

(25) ☐☐ : 결혼한 여자의 본집.

(26) ☐☐ : 이루어 낸 결실. 보람.

(27) ☐☐ : 열차나 전차의 바퀴가 굴러가는 레일 길. 궤도.

(28) ☐☐ : 안부나 소식을 적어 보내는 글. 편지.

(29) ☐☐ : 한 부족의 우두머리.

(30) ☐☐ : 죽기와 살기라는 뜻으로, 중대한 문제를 비유적으로 이르는 말.

(31) ☐☐ : 죽어서 이별함.

(32) ☐☐ : 볕이 바로 드는 곳.

(33) ☐☐ : 몸무게.

(34) ☐☐ : 재주와 슬기가 남달리 뛰어난 아이.

(35) ☐☐ : 특별한 명령.

(36) ☐☐ : 가족의 한 구성원이 주로 결혼 등으로 살림을 차려 따로 나감.

(37) ☐☐ : 마음을 다잡지 않고 놓아 버림.

(38) ☐☐ : 생물체가 자라 남.

(39) ☐☐ : 왼손.

(40) ☐☐ : 일반 백성들 사이.

(41) ☐☐ : 쌀 등을 끓여 체에 거른 음식.

(42) ☐☐ : 유명한 사물, 그 지방의 특유의 이름난 물건.

(43) ☐☐ : 일마다. 모든 일.

(44) ☐☐ : 민법상의 권리나 사실의 존재를 공시하기 위해 일정 사항을 등기부에 기재하는 일.

(45) ☐☐ : 높고 낮음이나 좋고 나쁨의 차이를 여러 층으로 구분한 단계.

(46) ☐☐ : 짐승 머리에 있는 뿔. 뛰어난 학식이나 재능을 비유함.

(47) ☐☐ : 마을. 지방 행정 구역의 최소 단위.

(48) ☐☐ : 책, 신문 등 출판물을 읽는 사람.

(49) ☐☐ : 어떤 모임에 나가 참여함.

(50) ☐☐ : 살림을 살아 나갈 방도.

(51) ☐☐ : 초목이 푸르게 자란 땅.

(52) ☐☐ : 그림과 표.

(53) ☐☐ : 현재 가지고 있는 돈. 통용하는 화폐와 은행이 발행한 수표 및 우편환 증서 따위를 통틀어 이르는 말.

(54) ☐☐ : 아홉 겹. 구중궁궐.

(55) ☐☐ : 겉모습, 격식.

(56) ☐☐ : 따로 따로 갈라 나눔.

(57) ☐☐ : 타는 불과 같이 매우 급함.

(58) ☐☐ : 명이 짧음.

(59) ☐☐ : 꽃을 심은 동산.

(60) ☐☐ : 어떤 장소를 공개함.

(61) ☐☐ : 끼니와 끼니 사이에 먹는 음식.

(62) ☐☐ : 유달리 특별함.

(63) ☐☐ : 아무것도 없는 빈 곳.

(64) ☐☐ : 문을 열어 놓음. 금하던 것을 풀고 자유롭게 드나들거나 교류하게 함.

(65) ☐☐ : 처음으로 시작함.

(66) ☐☐ : 한 학교에서 공부를 한 사이.

(67) ☐☐ : 천구(天球)의 두 극과 천정(天頂)을 지나 적도와 수직으로 만나는 큰 원. 시각의 기준이 됨.

정답

(39) 左手(좌수)　(43) 每事(매사)　(47) 洞里(동리)　(51) 綠地(녹지)　(55) 形式(형식)　(59) 花園(화원)　(63) 空間(공간)　(67) 子午線(자오선)
(40) 民間(민간)　(44) 登記(등기)　(48) 讀者(독자)　(52) 圖表(도표)　(56) 區分(구분)　(60) 開場(개장)　(64) 開放(개방)
(41) 米飮(미음)　(45) 等級(등급)　(49) 出席(출석)　(53) 現金(현금)　(57) 火急(화급)　(61) 間食(간식)　(65) 開始(개시)
(42) 名物(명물)　(46) 頭角(두각)　(50) 生界(생계)　(54) 九重(구중)　(58) 短命(단명)　(62) 各別(각별)　(66) 同窓(동창)

동음이의어

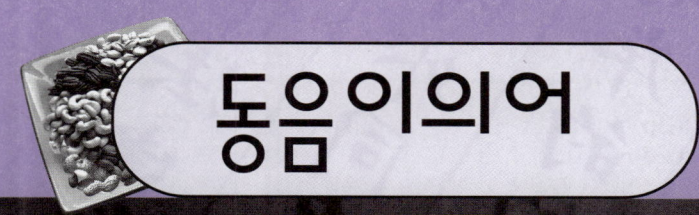

실전유형

✱ 다음 漢字語와 音은 같은데 뜻이 다른 漢字語를 例에서 골라 그 번호를 쓰세요.

例

| ① 查正 | ② 數字 | ③ 過失 | ④ 高手 | ⑤ 級數 | ⑥ 感情 |

(1) 事情 ❶   (2) 給水 ❺   (3) 果實 ❸

▶ 다음 ☐ 안에 알맞은 漢字語를 쓰세요. (1~39)

(1) ┌ 改善 : 좋은 방향으로 고침.
    └ ☐☐ : 새로 선출함.

(2) ┌ 古代 : 옛 시대.
    └ ☐☐ : 높고 큼.

(3) ┌ 老兵 : 나이 많은 병사.
    └ ☐☐ : 늙고 쇠약해지면서 생기는 병.

(4) ┌ ☐☐ : 짤막하게 쓴 편지.
    └ 短身 : 키가 작은 몸.

(5) ┌ 同期 : 같은 시기.
    ├ 冬期 : 겨울철.
    └ ☐☐ : 형제자매를 통틀어 이르는 말.

(6) ┌ 同門 : 동창.
    ├ 東門 : 동쪽에 있는 문.
    ├ ☐☐ : 동굴 입구.
    └ ☐☐ : 글이나 글자가 같음.

(7) ┌ 名文 : 매우 잘 지은 글.
    ├ ☐☐ : 세상에 나 있는 좋은 소문.
    ├ 名門 : 문벌이 좋은 집안.
    └ ☐☐ : 글로 명백히 기록된 문구.

(8) ┌ 夫子 : 덕행이 높은 사람.
    └ ☐☐ : 아버지와 아들.

(9) ┌ ☐☐ : 일정하지 않음.
    └ 不正 : 바르지 않음.

(10) ┌ 士氣 : 씩씩한 기개.
     ├ 史記 : 역사적 사실을 기록한 책.
     └ ☐☐ : 사건의 내용을 적은 기록.

(11) ┌ 事情 : 일의 형편이나 까닭.
     └ ☐☐ : 조사하여 그릇된 것을 바로잡음.

(12) ┌ ☐☐ : 높은 품격, 질 좋은 물품.
     ├ 商品 : 사고파는 물품.
     └ 賞品 : 상으로 주는 물품.

(13) ┌ ☐☐ : 먼저 수를 쓰는 일.
     ├ 選手 : 운동 경기 등에서 대표로 뽑힌 사람.
     ├ 善手 : 솜씨가 남보다 뛰어난 사람.
     └ 船首 : 뱃머리.

(14) ┌ 少長 : 젊은이와 늙은이.
     └ ☐☐ : 소(所)자가 붙은 기관의 책임자.

(15) ┌ ☐☐ : '상수도'의 준말.
     └ 首都 : 나라의 중앙 정부가 있는 도시.

(16) ┌ ☐☐ : 물 위.
     ├ 手相 : 손금.
     └ 首相 : 내각의 우두머리.

정답

(1) 改選(개선)	(5) 同氣(동기)	(9) 不定(부정)	(13) 先手(선수)
(2) 高大(고대)	(6) 洞門, 同文(동문)	(10) 事記(사기)	(14) 所長(소장)
(3) 老病(노병)	(7) 名聞, 明文(명문)	(11) 査正(사정)	(15) 水道(수도)
(4) 短信(단신)	(8) 父子(부자)	(12) 上品(상품)	(16) 水上(수상)

(17) ☐☐ : 서양의 양식이나 격식.
良識 : 뛰어난 식견이나 건전한 판단.

(18) 歷傳 : 대대로 전해져 옴.
☐☐ : 힘을 다하여 싸움.

(19) ☐☐ : 오랜 기간.
長技 : 가장 능한 재주. 특기.

(20) ☐☐ : 전기 공업의 줄임말. 전기공.
全功 : 모든 공로나 공적.
前功 : 이전에 세운 공로나 공적.
☐☐ : 전투에서 세운 공로.

(21) 傳記 : 개인 일생의 행적을 적은 기록.
前期 : 앞 기간.
☐☐ : 전자 이동에 의한 에너지의 한 형태.

(22) ☐☐ : 교전 중, 보병이 형성한 선.
電線 : 전기가 통하도록 만든 금속선.
戰船 : 해전에 쓰이는 배.
☐☐ : 철도의 모든 선로.
前線 : 직접 뛰어든 일정한 활동 분야.

(23) ☐☐ : 온 시중. 시의 전체.
戰時 : 전쟁을 하고 있는 때.
展示 : 여러 가지 물품을 한곳에 벌여 놓고 보임.

(24) 情事 : 남녀간 사랑에 관한 일.
情思 : 남녀가 서로 사랑하는 마음.
☐☐ : 정확한 사실을 편찬한 역사.

(25) ☐☐ : 주인집.
住家 : 사람이 사는 집. 주택(住宅).

(26) ☐☐ : 낮 동안.
週間 : 한 주일 동안.

(27) 中止 : 일을 중도에서 그만둠.
☐☐ : 아주 중요한 땅.

(28) 地區 : 어떤 일정한 구역.
☐☐ : 인류가 살고 있는 천체.
知舊 : 오랜 친구.

(29) ☐☐ : 태어날 때부터 갖춘 뛰어난 재주.
天災 : 자연의 변화로 일어난 재난.

(30) 他力 : 남의 힘.
☐☐ : 타자가 공을 때리는 힘이나 능력.

(31) ☐☐ : 아주 오랜 옛날.
太高 : 매우 높음.

(32) 通觀 : 전체에 걸쳐서 한 번 쭉 내다봄.
☐☐ : 꿰뚫어 환히 살핌.
通關 : 세관을 통과하는 일.

(33) ☐☐ : 평온하게 진정시킴.
平正 : 공평하고 올바름.

(34) ☐☐ : 반드시 죽음. 죽음을 각오함.
筆寫 : 베껴 씀.

(35) ☐☐ : 낮은 재주나 솜씨.
河水 : 강물이나 냇물.

(36) 火具 : 불을 켜는 도구.
☐☐ : 불을 뿜는 입구.
畫具 : 그림 그리는 여러 도구.

(37) ☐☐ : 따스하고 화창한 기온.
火氣 : 불기운.
花期 : 꽃피는 시기.

(38) 火兵 : 지난날 군에서 밥 짓던 군사.
☐☐ : 울화병.

(39) ☐☐ : 본문 뒤에 덧붙여 기록함.
後氣 : 참고 버티어 나가는 힘.
後期 : 뒤의 기간.

정답

(17) 洋式 (양식)	(23) 全市 (전시)	(29) 天才 (천재)	(35) 下手 (하수)
(18) 力戰 (역전)	(24) 正史 (정사)	(30) 打力 (타력)	(36) 火口 (화구)
(19) 長期 (장기)	(25) 主家 (주가)	(31) 太古 (태고)	(37) 和氣 (화기)
(20) 電工, 戰功 (전공)	(26) 晝間 (주간)	(32) 洞觀 (통관)	(38) 火病 (화병)
(21) 電氣 (전기)	(27) 重地 (중지)	(33) 平定 (평정)	(39) 後記 (후기)
(22) 戰線, 全線 (전선)	(28) 地球 (지구)	(34) 必死 (필사)	

속자 · 약자

실전유형

✤ 다음 漢字의 略字(약자:획수를 줄인 漢字)를 쓰세요.

(1) 國 国　　　　(2) 發 発　　　　(3) 戰 战

▶ 다음 漢字의 略字(약자)를 쓰세요. (1~49)

(1) 價 － ☐ (값 가, 5급)
(2) 擧 － ☐ (들 거, 5급)
(3) 輕 － ☐ (가벼울 경, 5급)
(4) 觀 － ☐ (볼 관, 5급)
(5) 關 － ☐ (관계할 관, 5급)

(6) 廣 － ☐ (넓을 광, 5급)
(7) 區 － ☐ (구분할 구, 6급)
(8) 舊 － ☐ (예 구, 5급)
(9) 國 － ☐ (나라 국, 8급)
(10) 氣 － ☐ (기운 기, 7급)

(11) 團 － ☐ (둥글 단, 5급)
(12) 當 － ☐ (마땅 당, 5급)
(13) 對 － ☐ (대할 대, 6급)
(14) 圖 － ☐ (그림 도, 6급)
(15) 獨 － ☐ (홀로 독, 5급)

(16) 讀 － ☐ (읽을 독, 6급)
(17) 同 － ☐ (같을 동, 7급)

(18) 樂 － ☐ (즐거울 락, 6급)
(19) 來 － ☐ (올 래, 7급)
(20) 禮 － ☐ (예도 례, 6급)

(21) 勞 － ☐ (일할 로, 5급)
(22) 萬 － ☐ (일만 만, 8급)
(23) 賣 － ☐ (팔 매, 5급)
(24) 無 － ☐ (없을 무, 5급)
(25) 發 － ☐ (필 발, 6급)

(26) 變 － ☐ (변할 변, 5급)
(27) 寫 － ☐ (베낄 사, 5급)
(28) 世 － ☐ (세상 세, 7급)
(29) 數 － ☐ (셈 수, 7급)
(30) 實 － ☐ (열매 실, 5급)

(31) 兒 － ☐ (아이 아, 5급)
(32) 惡 － ☐ (악할 악, 5급)
(33) 藥 － ☐ (약 약, 6급)
(34) 醫 － ☐ (의원 의, 6급)
(35) 災 － ☐ (재앙 재, 5급)

정답

(1) 価　(6) 広　(11) 団　(16) 読　(21) 労　(26) 変　(31) 児
(2) 挙　(7) 区　(12) 当　(17) 仝　(22) 万　(27) 写　(32) 悪
(3) 軽　(8) 旧　(13) 対　(18) 楽　(23) 売　(28) 丗　(33) 薬
(4) 观, 覌　(9) 国　(14) 図　(19) 来　(24) 无　(29) 数　(34) 医
(5) 関　(10) 気　(15) 独　(20) 礼　(25) 発　(30) 実　(35) 灾

(36) 爭 － □ (다툴 쟁, 5급)

(37) 傳 － □ (전할 전, 5급)

(38) 戰 － □ (싸울 전, 6급)

(39) 定 － □ (정할 정, 6급)

(40) 卒 － □ (군사 졸, 5급)

(41) 晝 － □ (낮 주, 6급)

(42) 質 － □ (바탕 질, 5급)

(43) 參 － □ (참여할 참, 5급)

(44) 鐵 － □ (쇠 철, 5급)

(45) 體 － □ (몸 체, 6급)

(46) 學 － □ (배울 학, 8급)

(47) 號 － □ (이름 호, 6급)

(48) 畫 － □ (그림 화, 6급)

(49) 會 － □ (모일 회, 6급)

정답

(36) 争	(38) 战	(40) 卆	(42) 貭	(44) 鉄	(46) 学	(48) 画
(37) 伝	(39) 㝎	(41) 昼	(43) 参	(45) 体	(47) 号	(49) 会

동자이음어 (同字異音語)

車	수레 차 : 車道(차도)	樂	즐거울 락 : 安樂(안락)	惡	악할 악 : 善惡(선악)
	수레 거 : 人力車(인력거)		노래 악 : 音樂(음악)		미워할 오 : 惡寒(오한)
金	쇠 금 : 金賞(금상)		좋아할 요 : 樂山(요산)	切	끊을 절 : 切望(절망)
	성 김 : 金氏(김씨)	不	아니 불 : 不敗(불패)		온통 체 : 一切(일체)
度	법도 도 : 速度(속도)		아니 부 : 不動(부동)	參	참여할 참 : 參席(참석)
	헤아릴 탁 : 度地(탁지)		❖ 'ㄷ·ㅈ'앞에서 '부'로 발음함.		석 삼 : 參萬(삼만)
讀	읽을 독 : 讀書(독서)	省	살필 성 : 反省(반성)	便	편할 편 : 便安(편안)
	구절 두 : 句讀(구두)		덜 생 : 省略(생략)		똥오줌 변 : 便所(변소)
北	북녘 북 : 北海(북해)	識	알 식 : 知識(지식)	畫	그림 화 : 畫家(화가)
	달아날 배 : 敗北(패배)		기록할 지 : 標識(표지)		그을 획 : 畫順(획순)

국가공인 한자능력검정시험 예상문제집 5급

실전예상문제

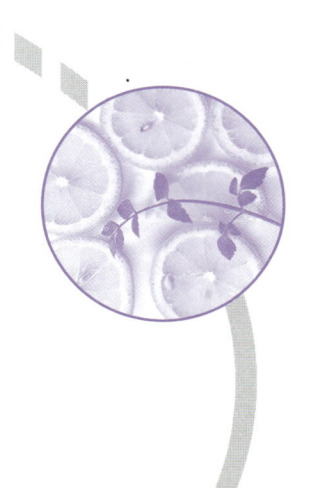

답은 답안지에 작성하십시오.

제한시간 **50**분

1 다음 漢字語의 讀音을 쓰세요. (1~35)

例
漢字 → 한자

(1) 圖表 (2) 競爭
(3) 舊習 (4) 等級
(5) 種目 (6) 基金
(7) 親庭 (8) 勞使
(9) 對談 (10) 價格
(11) 規約 (12) 景氣
(13) 參觀 (14) 氷板
(15) 綠地 (16) 卓見
(17) 團束 (18) 奉祝
(19) 洞里 (20) 入場
(21) 査定 (22) 賣店
(23) 歲月 (24) 性急
(25) 敗北 (26) 神童
(27) 說敎 (28) 停電
(29) 漁業 (30) 合宿
(31) 領空 (32) 朗讀
(33) 效能 (34) 筆記
(35) 米飮

2 다음 漢字의 訓과 音을 쓰세요. (36~58)

例
字 → 글자 자

(36) 當 (37) 貴
(38) 操 (39) 改
(40) 雨 (41) 災
(42) 炭 (43) 責
(44) 許 (45) 打
(46) 兒 (47) 島
(48) 任 (49) 雄
(50) 偉 (51) 鮮
(52) 給 (53) 念
(54) 落 (55) 寫
(56) 凶 (57) 旅
(58) 亡

3 다음 밑줄 친 漢字語를 漢字로 쓰세요. (59~73)

(59) 우리 아버지는 주말마다 <u>등산</u>을 하신다.
(60) 큰 아버지께서는 회사의 <u>사장</u>이다.
(61) 비록 작은 생물체라도 <u>생명</u>은 고귀하다.
(62) 그는 <u>반년</u> 뒤에 그녀의 편지를 받아 보았다.
(63) 우리는 휴가 때 <u>서해</u>에서 일몰을 보았다.
(64) 이 땅은 <u>태고</u> 때부터 우리 민족이 살던 곳이다.
(65) <u>실수</u>를 두려워하면 발명을 하기 어렵다.
(66) 조회 때 항상 <u>교가</u>를 부른다.
(67) 우리 팀은 기대 이상의 <u>성과</u>를 올렸다.
(68) 나는 그의 <u>본심</u>을 모르겠다.
(69) 그들은 일정한 <u>속도</u>로 보조를 맞춰 걸었다.
(70) 건강을 위해 적당한 <u>운동</u>을 하는 것이 좋다.
(71) <u>형식</u>보다 내용이 중요하다.
(72) <u>각자</u>의 일은 스스로 책임져야 한다.
(73) 그 길은 자동차 전용 <u>도로</u>이다.

4 다음 訓과 音에 맞는 漢字를 쓰세요. (74~78)

(74) 밤 야

(75) 과목 과

(76) 차례 번

(77) 눈 설

(78) 심을 식

5 다음 漢字와 뜻이 상대 또는 반대되는 漢字를 쓰세요. (79~81)

(79) 去 ↔ □

(80) 輕 ↔ □

(81) 黑 ↔ □

6 다음 □ 안에 들어갈 漢字를 例에서 골라 그 번호를 써서 漢字語를 만드세요. (82~85)

例
① 可 ② 河 ③ 馬 ④ 他
⑤ 失 ⑥ 知 ⑦ 實 ⑧ 夜

(82) 百年□淸

(83) □行合一

(84) □耳東風

(85) 有名無□

7 다음 漢字와 뜻이 같거나 비슷한 漢字를 例에서 골라 그 번호를 쓰세요. (86~88)

例
① 思 ② 過 ③ 利
④ 以 ⑤ 兵 ⑥ 冷

(86) 寒 - □

(87) 意 - □

(88) □ - 卒

8 다음 漢字와 音은 같은데 뜻이 다른 漢字를 例에서 골라 그 번호를 쓰세요. (89~91)

例
① 男 ② 例 ③ 理
④ 仙 ⑤ 苦 ⑥ 住

(89) 南

(90) 線

(91) 高

9 다음 뜻에 맞는 漢字語를 例에서 골라 그 번호를 쓰세요. (92~94)

例
① 有利 ② 展望 ③ 特技
④ 休戰 ⑤ 可望 ⑥ 共通

(92) 남이 가지지 못한 특별한 기술이나 기능.

(93) 여럿 사이에 두루 통용되거나 관계됨.

(94) 멀리 바라봄.

10 다음 漢字의 略字(약자 : 획수를 줄인 漢字)를 쓰세요. (95~97)

(95) 國

(96) 發

(97) 戰

11 다음 물음에 답하세요. (98~100)

(98) 可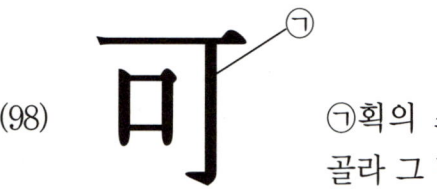

ㄱ획의 쓰는 순서를 아래에서 골라 그 번호를 쓰세요.

① 두 번째 ② 세 번째
③ 네 번째 ④ 다섯 번째

(99) 牛

ㄱ획의 쓰는 순서를 아래에서 골라 그 번호를 쓰세요.

① 첫 번째 ② 두 번째
③ 세 번째 ④ 네 번째

(100) 局

ㄱ획의 쓰는 순서를 아래에서 골라 그 번호를 쓰세요.

① 첫 번째 ② 세 번째
③ 네 번째 ④ 일곱 번째

수험번호 □□□□-□□-□□□□　　　　성명 □□□□□

주민등록번호 □□□□□□-□□□□□□□　　※ 유성 사인펜, 붉은색 필기구 사용 불가.

※ 답안지는 컴퓨터로 처리되므로 구기거나 더럽히지 마시고, 정답 칸 안에만 쓰십시오.
　글씨가 채점란으로 들어오면 오답처리가 됩니다.

전국한자능력검정시험 5급 답안지 (1)

번호	답안란 정답	채점란 1검	채점란 2검	번호	답안란 정답	채점란 1검	채점란 2검	번호	답안란 정답	채점란 1검	채점란 2검
1				17				33			
2				18				34			
3				19				35			
4				20				36			
5				21				37			
6				22				38			
7				23				39			
8				24				40			
9				25				41			
10				26				42			
11				27				43			
12				28				44			
13				29				45			
14				30				46			
15				31				47			
16				32				48			

감독위원	채점위원 (1)		채점위원 (2)		채점위원 (3)	
(서명)	(득점)	(서명)	(득점)	(서명)	(득점)	(서명)

※ 뒷면으로 이어짐

※ 본 답안지는 컴퓨터로 처리되므로 구겨지거나 더럽혀지지 않도록 조심하시고 글씨를 칸 안에 또박또박 쓰십시오.

전국한자능력검정시험 5급 답안지 (2)

번호	정답	1검	2검	번호	정답	1검	2검	번호	정답	1검	2검
49				67				85			
50				68				86			
51				69				87			
52				70				88			
53				71				89			
54				72				90			
55				73				91			
56				74				92			
57				75				93			
58				76				94			
59				77				95			
60				78				96			
61				79				97			
62				80				98			
63				81				99			
64				82				100			
65				83							
66				84							

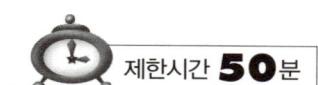

5급 실전예상문제 02회

답은 답안지에 작성하십시오.

제한시간 **50**분

1 다음 漢字語의 讀音을 쓰세요. (1~35)

例
漢字 → 한자

(1) 相談　　　　(2) 旅費
(3) 鮮明　　　　(4) 宿患
(5) 勝利　　　　(6) 商船
(7) 計量　　　　(8) 倍數
(9) 識見　　　　(10) 民主
(11) 要件　　　　(12) 萬物
(13) 鐵工　　　　(14) 冷水
(15) 最高　　　　(16) 都賣
(17) 花園　　　　(18) 吉運
(19) 放火　　　　(20) 形局
(21) 必讀　　　　(22) 課題
(23) 品種　　　　(24) 曲調
(25) 打算　　　　(26) 英雄
(27) 充當　　　　(28) 每番
(29) 操心　　　　(30) 特命
(31) 週間　　　　(32) 昨夜
(33) 災害　　　　(34) 所願
(35) 陸地

2 다음 漢字의 訓과 音을 쓰세요. (36~58)

例
字 → 글자 자

(36) 流　　　　(37) 基
(38) 亡　　　　(39) 能
(40) 無　　　　(41) 板
(42) 法　　　　(43) 情
(44) 廣　　　　(45) 着
(46) 順　　　　(47) 唱
(48) 參　　　　(49) 案
(50) 葉　　　　(51) 敗
(52) 以　　　　(53) 化
(54) 貯　　　　(55) 氷
(56) 建　　　　(57) 浴
(58) 救

3 다음 밑줄 친 漢字語를 漢字로 쓰세요. (59~73)

(59) 그는 <u>추석</u>을 쇠러 시골집으로 내려왔다.
(60) 그는 <u>다소</u> 과장된 목소리로 말했다.
(61) <u>예외</u> 없는 법은 없다.
(62) 선수들이 경기장에 <u>입장</u>하고 있다.
(63) 그 사람은 성품이 <u>온화</u>하다.
(64) 요즘 옷은 남녀의 <u>구별</u>이 없는 경우가 많다.
(65) 그는 <u>천재</u>적인 시인이다.
(66) 내 조카는 언니와 <u>형부</u>를 조금씩 다 닮았다.
(67) 그녀는 이번 시험에서 <u>일등</u>을 했다.
(68) <u>시작</u>이 반이다.
(69) 항상 일정한 <u>체중</u>을 유지하는 것이 건강에 좋다.
(70) 그의 영어 실력이 크게 <u>향상</u>되었다.
(71) 그녀의 아들은 훌륭한 <u>청년</u>이 되었다.
(72) 결승점에 가까워지자 우리나라 선수가 <u>선두</u>로 나섰다.
(73) 우리 동네에는 큰 <u>과수원</u>이 있다.

4 다음 訓과 음에 맞는 漢字를 쓰세요. (74~78)

(74) 예도 례   (75) 뿌리 근

(76) 배울 학   (77) 평평할 평

(78) 은 은

5 다음 漢字와 뜻이 상대 또는 반대되는 漢字를 쓰세요.
　　　　　　　　　　　　　　　　　　　　　(79~81)

(79) 曲 ↔ ☐   (80) ☐ ↔ 過

(81) 勞 ↔ ☐

6 다음 ☐ 안에 들어갈 漢字를 例에서 골라 그 번호를 써서 漢字語를 만드세요. (82~85)

> 例
> ① 答　② 現　③ 百　④ 止
> ⑤ 白　⑥ 門　⑦ 見　⑧ 知

(82) ☐物生心   (83) 自問自☐

(84) 聞一☐十   (85) ☐面書生

7 다음 漢字와 뜻이 같거나 비슷한 漢字를 例에서 골라 그 번호를 쓰세요. (86~88)

> 例
> ① 善　② 洋　③ 罪
> ④ 本　⑤ 則　⑥ 里

(86) ☐-惡   (87) 海-☐

(88) 規-☐

8 다음 漢字語와 음은 같은데 뜻이 다른 漢字語를 例에서 골라 그 번호를 쓰세요. (89~91)

> 例
> ① 展示　② 史傳　③ 競爭
> ④ 發展　⑤ 戰爭　⑥ 競技

(89) 事前   (90) 景氣

(91) 戰時

9 다음 뜻에 맞는 漢字語를 例에서 골라 그 번호를 쓰세요.
　　　　　　　　　　　　　　　　　　　　　(92~94)

> 例
> ① 出仕　② 江山　③ 河口
> ④ 奉仕　⑤ 開放　⑥ 放任

(92) 강의 어귀.

(93) 간섭하지 않고 내버려 둠.

(94) 자신의 이해를 돌보지 않고 몸과 마음을 다해 일함.

10 다음 漢字의 略字(약자 : 획수를 줄인 漢字)를 쓰세요. (95~97)

(95) 會   (96) 藥

(97) 圖

11 다음 물음에 답하세요. (98~100)

(98) 加　㉠획의 쓰는 순서를 아래에서 골라 그 번호를 쓰세요.

① 첫 번째   ② 두 번째

③ 네 번째   ④ 다섯 번째

(99) 果　㉠획의 쓰는 순서를 아래에서 골라 그 번호를 쓰세요.

① 첫 번째   ② 세 번째

③ 다섯 번째   ④ 여섯 번째

(100) 束　㉠획의 쓰는 순서를 아래에서 골라 그 번호를 쓰세요.

① 첫 번째   ② 두 번째

③ 네 번째   ④ 다섯 번째

수험번호 □□□□-□□-□□□□　　　　성명 □□□□□

주민등록번호 □□□□□□-□□□□□□□　　※ 유성 사인펜, 붉은색 필기구 사용 불가.

※ 답안지는 컴퓨터로 처리되므로 구기거나 더럽히지 마시고, 정답 칸 안에만 쓰십시오.
　글씨가 채점란으로 들어오면 오답처리가 됩니다.

전국한자능력검정시험 5급 답안지 (1)

번호	답안란 정답	채점란 1검	채점란 2검	번호	답안란 정답	채점란 1검	채점란 2검	번호	답안란 정답	채점란 1검	채점란 2검
1				17				33			
2				18				34			
3				19				35			
4				20				36			
5				21				37			
6				22				38			
7				23				39			
8				24				40			
9				25				41			
10				26				42			
11				27				43			
12				28				44			
13				29				45			
14				30				46			
15				31				47			
16				32				48			

감독위원	채점위원 (1)		채점위원 (2)		채점위원 (3)	
(서명)	(득점)	(서명)	(득점)	(서명)	(득점)	(서명)

※ 뒷면으로 이어짐

※ 본 답안지는 컴퓨터로 처리되므로 구겨지거나 더럽혀지지 않도록 조심하시고 글씨를 칸 안에 또박또박 쓰십시오.

전국한자능력검정시험 5급 답안지 (2)

번호	정답	1검	2검	번호	정답	1검	2검	번호	정답	1검	2검
49				67				85			
50				68				86			
51				69				87			
52				70				88			
53				71				89			
54				72				90			
55				73				91			
56				74				92			
57				75				93			
58				76				94			
59				77				95			
60				78				96			
61				79				97			
62				80				98			
63				81				99			
64				82				100			
65				83							
66				84							

답은 답안지에 작성하십시오.

제한시간 **50**분

1 다음 漢字語의 讀音을 쓰세요. (1~35)

例

漢字 → 한자

(1) 敗北	(2) 旅行
(3) 音樂	(4) 元祖
(5) 不動	(6) 作成
(7) 敬語	(8) 法規
(9) 廣告	(10) 一切
(11) 汽船	(12) 着工
(13) 反省	(14) 可能
(15) 落島	(16) 他人
(17) 當番	(18) 各別
(19) 洞里	(20) 必勝
(21) 便安	(22) 感氣
(23) 物品	(24) 火急
(25) 計算	(26) 參席
(27) 變質	(28) 格式
(29) 史料	(30) 觀望
(31) 知識	(32) 開化
(33) 速度	(34) 畫順
(35) 惡寒	

2 다음 漢字의 訓과 音을 쓰세요. (36~58)

例

字 → 글자 자

(36) 價	(37) 査
(38) 屋	(39) 壇
(40) 停	(41) 德
(42) 賣	(43) 傳
(44) 臣	(45) 競
(46) 吉	(47) 奉
(48) 過	(49) 最
(50) 案	(51) 卓
(52) 馬	(53) 朗
(54) 板	(55) 要
(56) 固	(57) 河
(58) 以	

3 다음 밑줄 친 漢字語를 漢字로 쓰세요. (59~78)

(59) 이 세상에 **영원**한 것은 존재하지 않는다.

(60) 호우로 인해 3일 동안 **휴교**에 들어갔다.

(61) 예로부터 강 하류에는 기름진 **평야**가 발달하였다.

(62) 책의 **제목**을 보면 어떤 내용일지 짐작할 수 있다.

(63) 자기 생각을 제대로 **표현**할 줄 알아야 한다.

(64) 온 식구가 **대문** 밖까지 나와 삼촌을 배웅하였다.

(65) 병원에 있는 친구에게 **문병**을 다녀왔다.

(66) 오늘 **신문**을 보았니?

(67) **교실**에서는 조용히 해야 한다.

(68) 오늘 **간식** 시간에는 무얼 먹을까?

(69) 우리 선수단이 **기수**를 앞세우고 입장하였다.

(70) 두 사건이 **동시**에 발생했다.

(71) 길을 잘못 들어 **방향**을 잃고 한참 헤맸다.

(72) **서당** 개 삼 년에 풍월을 한다.

(73) 좋은 **문장**은 사람의 마음을 감동시킨다.

(74) 다음 번 모임의 **장소**를 정하자.

(75) **일기**는 매일매일 써야 한다.

(76) 각 나라의 **풍습**은 존중되어야 한다.

(77) 어버이날에 나는 부모님께 감사의 **편지**를 썼다.

(78) 양식보다 **한식**이 내 입맛에 맞는다.

4 다음 漢字와 뜻이 상대 또는 반대되는 漢字를 쓰세요. (79~81)

(79) 都 ↔ ☐　　　(80) 曲 ↔ ☐

(81) ☐ ↔ 客

5 다음 ☐ 안에 들어갈 漢字를 例에서 골라 그 번호를 써서 漢字語를 만드세요. (82~85)

> 例
> ① 生　　② 老　　③ 族　　④ 發
> ⑤ 子　　⑥ 長　　⑦ 一　　⑧ 孫

(82) 白衣民☐　　　(83) 百☐百中

(84) 子☐萬代　　　(85) 男女☐少

6 다음 漢字와 뜻이 같거나 비슷한 한자를 例에서 골라 그 번호를 쓰세요. (86~88)

> 例
> ① 天　　② 年　　③ 身
> ④ 土　　⑤ 情　　⑥ 午

(86) ☐－歲　　　(87) ☐－地

(88) 心－☐

7 다음 漢字와 음은 같은데 뜻이 다른 漢字를 例에서 골라 그 번호를 쓰세요. (89~91)

> 例
> ① 加　　② 書　　③ 必
> ④ 完　　⑤ 手　　⑥ 決

(89) 筆　　　(90) 結

(91) 歌

8 다음 漢字語의 뜻을 간단히 쓰세요. (92~94)

> 例
> 讀音 → 읽는 소리

(92) 高貴

(93) 死活

(94) 家訓

9 다음 漢字의 略字(약자 : 획수를 줄인 漢字)를 쓰세요. (95~97)

(95) 數　　　　　(96) 體

(97) 區

10 다음 물음에 답하세요. (98~100)

(98)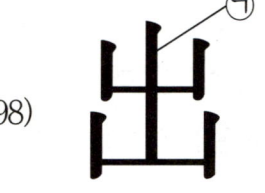
ⓖ획의 쓰는 순서를 아래에서 골라 그 번호를 쓰세요.

① 첫 번째　　　　② 세 번째

③ 네 번째　　　　④ 다섯 번째

(99) 右
ⓖ획의 쓰는 순서를 아래에서 골라 그 번호를 쓰세요.

① 첫 번째　　　　② 두 번째

③ 네 번째　　　　④ 다섯 번째

(100) 用
ⓖ획의 쓰는 순서를 아래에서 골라 그 번호를 쓰세요.

① 첫 번째　　　　② 세 번째

③ 네 번째　　　　④ 다섯 번째

수험번호 □□□□-□□-□□□□　　　　**성명** □□□□□

주민등록번호 □□□□□□-□□□□□□□　　※ 유성 사인펜, 붉은색 필기구 사용 불가.

※ 답안지는 컴퓨터로 처리되므로 구기거나 더럽히지 마시고, 정답 칸 안에만 쓰십시오.
　글씨가 채점란으로 들어오면 오답처리가 됩니다.

전국한자능력검정시험 5급 답안지 (1)

번호	답안란 정답	채점란 1검	2검	번호	답안란 정답	채점란 1검	2검	번호	답안란 정답	채점란 1검	2검
1				17				33			
2				18				34			
3				19				35			
4				20				36			
5				21				37			
6				22				38			
7				23				39			
8				24				40			
9				25				41			
10				26				42			
11				27				43			
12				28				44			
13				29				45			
14				30				46			
15				31				47			
16				32				48			

감독위원	채점위원 (1)		채점위원 (2)		채점위원 (3)	
(서명)	(득점)	(서명)	(득점)	(서명)	(득점)	(서명)

※ 뒷면으로 이어짐

※ 본 답안지는 컴퓨터로 처리되므로 구겨지거나 더럽혀지지 않도록 조심하시고 글씨를 칸 안에 또박또박 쓰십시오.

전국한자능력검정시험 5급 답안지 (2)

번호	정답	1검	2검	번호	정답	1검	2검	번호	정답	1검	2검
49				67				85			
50				68				86			
51				69				87			
52				70				88			
53				71				89			
54				72				90			
55				73				91			
56				74				92			
57				75				93			
58				76				94			
59				77				95			
60				78				96			
61				79				97			
62				80				98			
63				81				99			
64				82				100			
65				83							
66				84							

답은 답안지에 작성하십시오.

 제한시간 **50**분

1 다음 漢字語의 讀音을 쓰세요. (1~35)

例
漢字 → 한자

(1) 團結　　　　　(2) 樂山
(3) 客地　　　　　(4) 善惡
(5) 讀書　　　　　(6) 貴下
(7) 天才　　　　　(8) 四寸
(9) 德談　　　　　(10) 通院
(11) 責任　　　　　(12) 冷待
(13) 勇兵　　　　　(14) 原始
(15) 性品　　　　　(16) 患者
(17) 時期　　　　　(18) 決心
(19) 筆順　　　　　(20) 友愛
(21) 輕量　　　　　(22) 海流
(23) 勞使　　　　　(24) 最高
(25) 急落　　　　　(26) 短命
(27) 當面　　　　　(28) 亡身
(29) 育兒　　　　　(30) 死別
(31) 角度　　　　　(32) 車道
(33) 産母　　　　　(34) 紙物
(35) 勝利

2 다음 漢字의 訓과 音을 쓰세요. (36~58)

例
字 → 글자 자

(36) 寒　　　　　(37) 因
(38) 宅　　　　　(39) 費
(40) 祝　　　　　(41) 買
(42) 止　　　　　(43) 曲
(44) 再　　　　　(45) 練
(46) 熱　　　　　(47) 己
(48) 變　　　　　(49) 相
(50) 規　　　　　(51) 示
(52) 億　　　　　(53) 類
(54) 去　　　　　(55) 倍
(56) 技　　　　　(57) 首
(58) 獨

3 다음 밑줄 친 漢字語를 漢字로 쓰세요. (59~73)

(59) <u>조회</u> 시간에는 모든 학생들이 참석해야 한다.
(60) <u>월말</u>에는 은행이 몹시 붐빈다.
(61) 나의 꿈은 <u>발명</u>가이다.
(62) 그는 온실에 온갖 <u>화초</u>를 심어 기르고 있다.
(63) 이번 주 <u>북부</u> 산간 지방에는 눈이 올 것이라고 한다.
(64) 이 모임의 <u>대표</u>를 뽑자.
(65) 때론 <u>형식</u>이 중요할 때도 있다.
(66) 이 책은 이십여 개 <u>국어</u>로 번역되었다.
(67) 청소년기는 <u>성장</u>이 매우 빠른 시기이다.
(68) 그 아이는 <u>신동</u>인 것 같다.
(69) 누구에게나 말할 <u>자유</u>가 있다.
(70) <u>외계</u> 어느 곳에 생명체가 있을 가능성이 있다.
(71) 그것은 나에게 무엇보다 <u>소중</u>한 기억이다.
(72) 이번 수해로 많은 <u>공장</u>들이 피해를 입었다.
(73) 국민의 성실과 근면은 경제 발전의 <u>동력</u>이다.

4 다음 訓과 音에 맞는 漢字를 쓰세요. (74~78)

(74) 친할 친　　　　　(75) 볕 양

(76) 열 개　　　　　　(77) 줄 선

(78) 골 동

5 다음 漢字와 뜻이 상대 또는 반대되는 漢字를 쓰세요. (79~81)

(79) ☐ ↔ 弱　　　　(80) ☐ ↔ 學

(81) ☐ ↔ 女

6 다음 ☐ 안에 들어갈 漢字를 例에서 골라 그 번호를 써서 漢字語를 만드세요. (82~85)

例
① 以　② 語　③ 家　④ 昨
⑤ 作　⑥ 加　⑦ 二　⑧ 言

(82) 自手成☐　　　　(83) 有口無☐

(84) ☐心傳心　　　　(85) ☐心三日

7 다음 漢字와 뜻이 같거나 비슷한 漢字를 쓰세요. (86~88)

(86) 樹 – ☐　　　　　(87) 河 – ☐

(88) ☐ – 爭

8 다음 漢字語와 음은 같은데 뜻이 다른 漢字語를 例에서 골라 그 번호를 쓰세요. (89~91)

例
① 査正　② 數字　③ 過失
④ 高手　⑤ 級數　⑥ 感情

(89) 事情　　　　(90) 給水

(91) 果實

9 다음 뜻에 맞는 漢字語를 例에서 골라 그 번호를 쓰세요. (92~94)

例
① 野景　② 出席　③ 各別
④ 夜景　⑤ 約定　⑥ 計算

(92) 밤의 경치.

(93) 셈을 헤아림.

(94) 어떤 모임에 나가 참여함.

10 다음 漢字의 略字(약자 : 획수를 줄인 漢字)를 쓰세요. (95~97)

(95) 來　　　　　　(96) 氣

(97) 萬

11 다음 물음에 답하세요. (98~100)

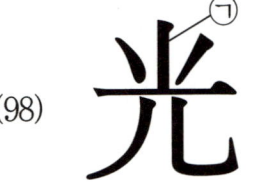

(98) 光

㉠획의 쓰는 순서를 아래에서 골라 그 번호를 쓰세요.

① 첫 번째　　　　② 두 번째
③ 세 번째　　　　④ 여섯 번째

(99) 表

㉠획의 쓰는 순서를 아래에서 골라 그 번호를 쓰세요.

① 첫 번째　　　　② 두 번째
③ 세 번째　　　　④ 네 번째

(100) 古

㉠획의 쓰는 순서를 아래에서 골라 그 번호를 쓰세요.

① 첫 번째　　　　② 두 번째
③ 네 번째　　　　④ 다섯 번째

| 수험번호 | □□□□-□□-□□□□ | 성명 | □□□□□ |

| 주민등록번호 | □□□□□□-□□□□□□□ | ※ 유성 사인펜, 붉은색 필기구 사용 불가. |

※ 답안지는 컴퓨터로 처리되므로 구기거나 더럽히지 마시고, 정답 칸 안에만 쓰십시오.
　글씨가 채점란으로 들어오면 오답처리가 됩니다.

전국한자능력검정시험 5급 답안지 (1)

번호	답안란 정답	채점란 1검	2검	번호	답안란 정답	채점란 1검	2검	번호	답안란 정답	채점란 1검	2검
1				17				33			
2				18				34			
3				19				35			
4				20				36			
5				21				37			
6				22				38			
7				23				39			
8				24				40			
9				25				41			
10				26				42			
11				27				43			
12				28				44			
13				29				45			
14				30				46			
15				31				47			
16				32				48			

감독위원	채점위원 (1)		채점위원 (2)		채점위원 (3)	
(서명)	(득점)	(서명)	(득점)	(서명)	(득점)	(서명)

※ 본 답안지는 컴퓨터로 처리되므로 구겨지거나 더럽혀지지 않도록 조심하시고 글씨를 칸 안에 또박또박 쓰십시오.

전국한자능력검정시험 5급 답안지 (2)

번호	답안란 정답	채점란 1검	2검	번호	답안란 정답	채점란 1검	2검	번호	답안란 정답	채점란 1검	2검
49				67				85			
50				68				86			
51				69				87			
52				70				88			
53				71				89			
54				72				90			
55				73				91			
56				74				92			
57				75				93			
58				76				94			
59				77				95			
60				78				96			
61				79				97			
62				80				98			
63				81				99			
64				82				100			
65				83							
66				84							

답은 답안지에 작성하십시오.

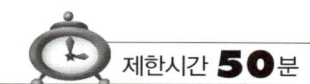 제한시간 **50**분

1 다음 漢字語의 讀音을 쓰세요. (1~35)

例

漢字 → 한자

(1) 金賞 (2) 林野
(3) 赤色 (4) 決定
(5) 速度 (6) 鐵則
(7) 左手 (8) 費用
(9) 特技 (10) 加熱
(11) 勞使 (12) 河口
(13) 現實 (14) 都心
(15) 吉日 (16) 形式
(17) 完工 (18) 歷史
(19) 罪責 (20) 間食
(21) 線路 (22) 出仕
(23) 他國 (24) 救命
(25) 安樂 (26) 質問
(27) 卒業 (28) 原油
(29) 牛黃 (30) 惡德
(31) 敗亡 (32) 反省
(33) 首席 (34) 名物
(35) 不動

2 다음 漢字의 訓과 音을 쓰세요. (36~58)

例

字 → 글자 자

(36) 敬 (37) 士
(38) 典 (39) 週
(40) 曜 (41) 汽
(42) 識 (43) 黑
(44) 品 (45) 談
(46) 種 (47) 店
(48) 雲 (49) 令
(50) 見 (51) 害
(52) 充 (53) 末
(54) 望 (55) 冷
(56) 魚 (57) 兵
(58) 洗

3 다음 밑줄 친 漢字語를 漢字로 쓰세요. (59~73)

(59) 회장은 <u>회사</u>의 경영을 큰아들에게 일임했다.
(60) 우리 집 <u>가훈</u>은 '모든 일에 최선을 다하자'이다.
(61) 실패는 <u>성공</u>의 어머니이다.
(62) <u>공기</u>의 오염이 심각하다.
(63) 봄이 되면 <u>강남</u> 갔던 제비가 돌아온다.
(64) 우리 반이 <u>공동</u>으로 작품을 만들었다.
(65) 음력 8월 15일은 <u>추석</u>이다.
(66) <u>영재</u> 교육에 대한 적절한 개선책이 필요한 때이다.
(67) 군대 간 아들의 <u>편지</u>를 기다리는 어머니의 마음은 애틋하다.
(68) 근래에 와서 전원 주택이 부쩍 늘었다.
(69) 수상 <u>소감</u>을 들어 봅시다.
(70) 그는 요즘 <u>신문</u> 한 장 읽을 시간이 없다.
(71) 저 두 사람은 <u>애인</u> 사이이다.
(72) <u>형제</u> 사이에는 우애가 있어야 한다.
(73) 교통의 발달로 <u>세계</u>가 좁아졌다.

4 다음 訓과 音에 맞는 漢字를 쓰세요. (74~78)

(74) 뿔 각   (75) 마을 리

(76) 아이 동   (77) 아침 조

(78) 다스릴 리

5 다음 漢字와 뜻이 상대 또는 반대되는 漢字를 쓰세요.
(79~81)

(79) ☐ ↔ 終   (80) ☐ ↔ 活

(81) ☐ ↔ 着

6 다음 ☐ 안에 들어갈 漢字를 例에서 골라 그 번호를 써서 漢字語를 만드세요. (82~85)

> 例
> ① 産   ② 風   ③ 足   ④ 西
> ⑤ 春   ⑥ 卓   ⑦ 幸   ⑧ 草

(82) 自給自☐   (83) 山川☐木

(84) 馬耳東☐   (85) ☐夏秋冬

7 다음 漢字와 뜻이 같거나 비슷한 한자를 例에서 골라 그 번호를 쓰세요. (86~88)

> 例
> ① 堂   ② 山   ③ 當
> ④ 外   ⑤ 語   ⑥ 服

(86) 言 - ☐   (87) 衣 - ☐

(88) ☐ - 室

8 다음 漢字와 음은 같은데 뜻이 다른 漢字를 例에서 골라 그 번호를 쓰세요. (89~91)

> 例
> ① 團   ② 知   ③ 老
> ④ 固   ⑤ 相   ⑥ 土

(89) 壇   (90) 止

(91) 考

9 다음 漢字語의 뜻을 간단히 쓰세요. (92~94)

> 例
> 讀音 → 읽는 소리

(92) 昨夜

(93) 休學

(94) 萬能

10 다음 漢字의 略字(약자 : 획수를 줄인 漢字)를 쓰세요. (95~97)

(95) 讀   (96) 晝

(97) 體

11 다음 물음에 답하세요. (98~100)

(98)  ㉠획의 쓰는 순서를 아래에서 골라 그 번호를 쓰세요.

① 첫 번째   ② 두 번째

③ 세 번째   ④ 다섯 번째

(99) 定 ㉠획의 쓰는 순서를 아래에서 골라 그 번호를 쓰세요.

① 네 번째   ② 다섯 번째

③ 여섯 번째   ④ 일곱 번째

(100) 貴 ㉠획의 쓰는 순서를 아래에서 골라 그 번호를 쓰세요.

① 첫 번째   ② 세 번째

③ 네 번째   ④ 다섯 번째

수험번호 □□□□-□□-□□□□　　　성명 □□□□□

주민등록번호 □□□□□□-□□□□□□□　　※ 유성 사인펜, 붉은색 필기구 사용 불가.

※ 답안지는 컴퓨터로 처리되므로 구기거나 더럽히지 마시고, 정답 칸 안에만 쓰십시오.
　글씨가 채점란으로 들어오면 오답처리가 됩니다.

전국한자능력검정시험 5급 답안지 (1)

번호	답안란 정답	채점란 1검	채점란 2검	번호	답안란 정답	채점란 1검	채점란 2검	번호	답안란 정답	채점란 1검	채점란 2검
1				17				33			
2				18				34			
3				19				35			
4				20				36			
5				21				37			
6				22				38			
7				23				39			
8				24				40			
9				25				41			
10				26				42			
11				27				43			
12				28				44			
13				29				45			
14				30				46			
15				31				47			
16				32				48			

감독위원	채점위원 (1)		채점위원 (2)		채점위원 (3)	
(서명)	(득점)	(서명)	(득점)	(서명)	(득점)	(서명)

※ 뒷면으로 이어짐

전국한자능력검정시험 5급 답안지 (2)

번호	답안란 정답	채점란 1검	2검	번호	답안란 정답	채점란 1검	2검	번호	답안란 정답	채점란 1검	2검
49				67				85			
50				68				86			
51				69				87			
52				70				88			
53				71				89			
54				72				90			
55				73				91			
56				74				92			
57				75				93			
58				76				94			
59				77				95			
60				78				96			
61				79				97			
62				80				98			
63				81				99			
64				82				100			
65				83							
66				84							

답은 답안지에 작성하십시오.

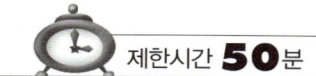 제한시간 **50**분

1 다음 漢字語의 讀音을 쓰세요. (1~35)

例

漢字 → 한자

(1) 出他		(2) 圖案
(3) 約束		(4) 多福
(5) 調和		(6) 不敗
(7) 北海		(8) 區分
(9) 登記		(10) 頭角
(11) 親切		(12) 方位
(13) 參萬		(14) 賣買
(15) 順理		(16) 勞使
(17) 便利		(18) 魚物
(19) 形局		(20) 習字
(21) 書畫		(22) 速成
(23) 洞觀		(24) 宿題
(25) 景氣		(26) 讀者
(27) 開放		(28) 改正
(29) 窓門		(30) 無能
(31) 相通		(32) 操心
(33) 量産		(34) 期待
(35) 固體		

2 다음 漢字의 訓과 音을 쓰세요. (36~58)

例

字 → 글자 자

(36) 兵		(37) 團
(38) 輕		(39) 陸
(40) 州		(41) 良
(42) 湖		(43) 罪
(44) 願		(45) 料
(46) 完		(47) 橋
(48) 偉		(49) 思
(50) 實		(51) 爭
(52) 可		(53) 的
(54) 初		(55) 化
(56) 材		(57) 到
(58) 具		

3 다음 밑줄 친 漢字語를 漢字로 쓰세요. (59~78)

(59) 4월 5일은 <u>식목</u>일이다.

(60) 이 구간은 <u>현재</u> 터널 굴착 공사가 진행 중이다.

(61) 이번 한자 5급 <u>급수</u> 시험에는 꼭 합격할 테야.

(62) 그는 문제의 <u>급소</u>에 일침을 가했다.

(63) 이 일을 하려면 <u>사전</u> 작업을 철저하게 해야 한다.

(64) 동수는 <u>주간</u>에는 일하고 야간에는 공부한다.

(65) <u>주유소</u>에 들러 기름을 넣고 갑시다.

(66) 너의 <u>삼촌</u>은 네 아버지를 꼭 닮으셨구나.

(67) 그 <u>시계</u>는 이사 올 때 선물로 받은 것이다.

(68) 황제의 <u>특명</u>을 받은 이들은 즉시 각지로 출발했다.

(69) 모든 사람은 법 앞에 <u>평등</u>하다.

(70) 그는 <u>신장</u>이 170cm가량 된다.

(71) 지금 우리는 <u>강력</u>한 지도자가 필요하다.

(72) 그녀는 <u>형제</u>가 많은 집에서 자랐다.

(73) 감기에 걸렸을 때는 쉬는 게 <u>제일</u>이다.

(74) 그는 계획을 <u>행동</u>으로 옮겼다.

(75) 돈이 <u>인생</u>의 전부는 아니다.

(76) 장사는 <u>신용</u>이 생명이다.

(77) 호우로 인하여 임시 <u>휴교</u>령이 내려졌다.

(78) 이 소설에는 <u>작가</u>의 사상과 감정이 잘 나타나 있다.

4 다음 漢字와 뜻이 상대 또는 반대되는 漢字를 쓰세요. (79~81)

(79) ☐ ↔ 惡

(80) 因 ↔ ☐

(81) ☐ ↔ 他

5 다음 ☐ 안에 들어갈 漢字를 例에서 골라 그 번호를 써서 漢字語를 만드세요. (82~85)

例
① 自　② 風　③ 意　④ 幸
⑤ 族　⑥ 必　⑦ 河　⑧ 目

(82) 秋☐落葉　　(83) 千萬多☐

(84) 耳☐口鼻　　(85) 白衣民☐

6 다음 漢字와 뜻이 같거나 비슷한 漢字를 쓰세요. (86~88)

(86) 道 – ☐

(87) 文 – ☐

(88) ☐ – 訓

7 다음 漢字와 音은 같은데 뜻이 다른 漢字를 例에서 골라 그 번호를 쓰세요. (89~91)

例
① 韓　② 國　③ 致
④ 安　⑤ 競　⑥ 具

(89) 景　　　　(90) 寒

(91) 救

8 다음 뜻에 맞는 漢字語를 例에서 골라 그 번호를 쓰세요. (92~94)

例
① 合宿　② 卓見　③ 集合
④ 神童　⑤ 兒童　⑥ 見聞

(92) 뛰어난 의견이나 견해.

(93) 여럿이 한 곳에서 먹고 자며 지냄.

(94) 재주와 슬기가 남달리 뛰어난 아이.

9 다음 漢字의 略字(약자 : 획수를 줄인 漢字)를 쓰세요. (95~97)

(95) 樂

(96) 禮

(97) 畫

10 다음 물음에 답하세요. (98~100)

(98) 幸ㅡㄱ　ㄱ획의 쓰는 순서를 아래에서 골라 그 번호를 쓰세요.

① 네 번째　　　② 다섯 번째

③ 일곱 번째　　④ 여덟 번째

(99) 化ㅡㄱ　ㄱ획의 쓰는 순서를 아래에서 골라 그 번호를 쓰세요.

① 첫 번째　　　② 두 번째

③ 세 번째　　　④ 네 번째

(100) 日ㅡㄱ　ㄱ획의 쓰는 순서를 아래에서 골라 그 번호를 쓰세요.

① 첫 번째　　　② 두 번째

③ 세 번째　　　④ 네 번째

■ 사단법인 한국어문회·한국한자능력검정회　　　0 5 1　■

수험번호 □□□□-□□-□□□□　　성명 □□□□□

주민등록번호 □□□□□□-□□□□□□□

※ 유성 싸인펜, 붉은색 필기구 사용 불가.

※ 답안지는 컴퓨터로 처리되므로 구기거나 더럽히지 마시고, 정답 칸 안에만 쓰십시오.
　글씨가 채점란으로 들어오면 오답처리가 됩니다.

전국한자능력검정시험 5급 답안지 (1)

번호	답안란 정답	채점란 1검	채점란 2검	번호	답안란 정답	채점란 1검	채점란 2검	번호	답안란 정답	채점란 1검	채점란 2검
1				17				33			
2				18				34			
3				19				35			
4				20				36			
5				21				37			
6				22				38			
7				23				39			
8				24				40			
9				25				41			
10				26				42			
11				27				43			
12				28				44			
13				29				45			
14				30				46			
15				31				47			
16				32				48			

감독위원	채점위원 (1)		채점위원 (2)		채점위원 (3)	
(서명)	(득점)	(서명)	(득점)	(서명)	(득점)	(서명)

※ 뒷면으로 이어짐

※ 본 답안지는 컴퓨터로 처리되므로 구겨지거나 더럽혀지지 않도록 조심하시고 글씨를 칸 안에 또박또박 쓰십시오.

전국한자능력검정시험 5급 답안지 (2)

답안란		채점란		답안란		채점란		답안란		채점란	
번호	정답	1검	2검	번호	정답	1검	2검	번호	정답	1검	2검
49				67				85			
50				68				86			
51				69				87			
52				70				88			
53				71				89			
54				72				90			
55				73				91			
56				74				92			
57				75				93			
58				76				94			
59				77				95			
60				78				96			
61				79				97			
62				80				98			
63				81				99			
64				82				100			
65				83							
66				84							

답은 답안지에 작성하십시오.

제한시간 **50**분

1 다음 漢字語의 讀音을 쓰세요. (1~35)

例

漢字 → 한자

(1) 流行　　　　　(2) 本性
(3) 圖表　　　　　(4) 黑字
(5) 種別　　　　　(6) 順理
(7) 初級　　　　　(8) 集會
(9) 知己　　　　　(10) 面談
(11) 原始　　　　　(12) 責望
(13) 物件　　　　　(14) 關門
(15) 唱歌　　　　　(16) 以來
(17) 獨島　　　　　(18) 世界
(19) 士氣　　　　　(20) 考案
(21) 雪景　　　　　(22) 信奉
(23) 時價　　　　　(24) 親善
(25) 格式　　　　　(26) 分家
(27) 體操　　　　　(28) 無形
(29) 告發　　　　　(30) 勞苦
(31) 戰術　　　　　(32) 最上
(33) 着服　　　　　(34) 打作
(35) 所在

2 다음 漢字의 訓과 音을 쓰세요. (36~58)

例

字 → 글자 자

(36) 比　　　　　(37) 節
(38) 患　　　　　(39) 友
(40) 賞　　　　　(41) 卒
(42) 廣　　　　　(43) 的
(44) 質　　　　　(45) 橋
(46) 葉　　　　　(47) 産
(48) 切　　　　　(49) 要
(50) 局　　　　　(51) 則
(52) 加　　　　　(53) 福
(54) 必　　　　　(55) 約
(56) 赤　　　　　(57) 致
(58) 課

3 다음 밑줄 친 漢字語를 漢字로 쓰세요. (59~73)

(59) 올 여름은 작년보다 덥다.
(60) 올림픽에서 남북한 선수단이 동시 입장했다.
(61) 그곳은 내부 공사가 한창이었다.
(62) 공연장 앞은 전국 각지에서 온 사람들로 북적였다.
(63) 가족과 함께 황금 같은 추석 연휴를 즐겁게 보냈다.
(64) 병원에 있는 친구에게 문병을 다녀왔다.
(65) 경기는 우리 팀의 승리로 끝났다.
(66) 서로 합심하면 어려운 일도 해결할 수 있다.
(67) 그 문제에는 정답이 없다.
(68) 봄을 맞은 뜰은 온갖 생명으로 가득 차 있다.
(69) 이번 주 토요일은 야외 수업이 있는 날이다.
(70) 그는 김씨 가문의 자손이다.
(71) 명심보감에는 마음에 새길 만한 명언이 많다.
(72) 나는 음악 시간을 가장 좋아한다.
(73) 네 의견을 말해 보아라.

4 다음 訓과 음에 맞는 漢字를 쓰세요. (74~78)

(74) 급할 급　　　　　(75) 돌아올 반

(76) 가까울 근　　　　(77) 낮 주

(78) 새 신

5 다음 漢字와 뜻이 상대 또는 반대되는 漢字를 쓰세요.
　　(79~81)

(79) ☐ ↔ 冷　　　　(80) ☐ ↔ 無

(81) 陸 ↔ ☐

6 다음 ☐ 안에 들어갈 漢字를 例에서 골라 그 번호를 써서 漢
　字語를 만드세요. (82~85)

例
| ① 意 | ② 雨 | ③ 電 | ④ 便 |
| ⑤ 北 | ⑥ 衣 | ⑦ 孝 | ⑧ 考 |

(82) 白☐民族　　　　(83) 敬老☐親

(84) ☐光石火　　　　(85) 南男☐女

7 다음 漢字와 뜻이 같거나 비슷한 漢字를 例에서 골라 그 번
　호를 쓰세요. (86~88)

例
| ① 屋 | ② 川 | ③ 山 |
| ④ 元 | ⑤ 姓 | ⑥ 能 |

(86) 河 - ☐　　　　(87) 可 - ☐

(88) 宅 - ☐

8 다음 漢字語와 음은 같은데 뜻이 다른 漢字語를 例에서 골라
　그 번호를 쓰세요. (89~91)

例
| ① 水道 | ② 自習 | ③ 計量 |
| ④ 改良 | ⑤ 前期 | ⑥ 前歷 |

(89) 首都　　　　　(90) 傳記

(91) 改量

9 다음 漢字語의 뜻을 간단히 쓰세요. (92~94)

例
讀音 → 읽는 소리

(92) 藥效

(93) 救命

(94) 每事

10 다음 漢字의 略字(약자 : 획수를 줄인 漢字)를 쓰세요. (95~97)

(95) 號　　　　　　(96) 定

(97) 學

11 다음 물음에 답하세요. (98~100)

(98) 安　ㄱ획의 쓰는 순서를 아래에서
　　　　골라 그 번호를 쓰세요.

① 첫 번째　　　　② 네 번째

③ 다섯 번째　　　④ 여섯 번째

(99) 市　ㄱ획의 쓰는 순서를 아래에서
　　　　골라 그 번호를 쓰세요.

① 첫 번째　　　　② 두 번째

③ 네 번째　　　　④ 다섯 번째

(100) 者　ㄱ획의 쓰는 순서를 아래에서
　　　　골라 그 번호를 쓰세요.

① 첫 번째　　　　② 두 번째

③ 네 번째　　　　④ 다섯 번째

수험번호 ☐☐☐☐–☐☐–☐☐☐☐　　　성명 ☐☐☐☐☐

주민등록번호 ☐☐☐☐☐☐–☐☐☐☐☐☐☐

※ 유성 사인펜, 붉은색 필기구 사용 불가.

※ 답안지는 컴퓨터로 처리되므로 구기거나 더럽히지 마시고, 정답 칸 안에만 쓰십시오.
　 글씨가 채점란으로 들어오면 오답처리가 됩니다.

전국한자능력검정시험 5급 답안지 (1)

번호	답안란 정답	채점란 1검	채점란 2검	번호	답안란 정답	채점란 1검	채점란 2검	번호	답안란 정답	채점란 1검	채점란 2검
1				17				33			
2				18				34			
3				19				35			
4				20				36			
5				21				37			
6				22				38			
7				23				39			
8				24				40			
9				25				41			
10				26				42			
11				27				43			
12				28				44			
13				29				45			
14				30				46			
15				31				47			
16				32				48			

감독위원	채점위원 (1)		채점위원 (2)		채점위원 (3)	
(서명)	(득점)	(서명)	(득점)	(서명)	(득점)	(서명)

※ 뒷면으로 이어짐

※ 본 답안지는 컴퓨터로 처리되므로 구겨지거나 더럽혀지지 않도록 조심하시고 글씨를 칸 안에 또박또박 쓰십시오.

전국한자능력검정시험 5급 답안지 (2)

번호	답안란 정답	채점란 1검	2검	번호	답안란 정답	채점란 1검	2검	번호	답안란 정답	채점란 1검	2검
49				67				85			
50				68				86			
51				69				87			
52				70				88			
53				71				89			
54				72				90			
55				73				91			
56				74				92			
57				75				93			
58				76				94			
59				77				95			
60				78				96			
61				79				97			
62				80				98			
63				81				99			
64				82				100			
65				83							
66				84							

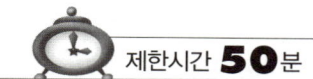

답은 답안지에 작성하십시오.

제한시간 **50**분

1 다음 漢字語의 讀音을 쓰세요. (1~35)

> 例
>
> 漢字 → 한자

(1) 角木		(2) 良識	
(3) 各界		(4) 例文	
(5) 方式		(6) 商業	
(7) 農夫		(8) 致命	
(9) 花壇		(10) 寫生	
(11) 練習		(12) 洗手	
(13) 領土		(14) 祝歌	
(15) 類別		(16) 英雄	
(17) 綠色		(18) 食費	
(19) 料理		(20) 變化	
(21) 六朝		(22) 團束	
(23) 強要		(24) 書店	
(25) 無形		(26) 放心	
(27) 宿題		(28) 奉養	
(29) 雨期		(30) 長成	
(31) 廣野		(32) 首都	
(33) 再唱		(34) 害惡	
(35) 法案			

2 다음 漢字의 訓과 音을 쓰세요. (36~58)

> 例
>
> 字 → 글자 자

(36) 鐵		(37) 舊	
(38) 注		(39) 關	
(40) 牛		(41) 曲	
(42) 原		(43) 曜	
(44) 展		(45) 健	
(46) 輕		(47) 擧	
(48) 席		(49) 筆	
(50) 實		(51) 客	
(52) 決		(53) 船	
(54) 歷		(55) 冷	
(56) 位		(57) 給	
(58) 貴			

3 다음 밑줄 친 漢字語를 漢字로 쓰세요. (59~78)

(59) 이번 안건은 우리 반 급훈을 정하는 것이다.

(60) 중학생이 되면 교복을 입는다.

(61) 우리 아버님은 효자이시다.

(62) 교육은 백년대계이다.

(63) 경기장에 각국 선수들이 입장했다.

(64) 지금은 모두 한마음으로 화합할 때이다.

(65) 어머님이 편찮으셔서 미음을 끓여 드렸다.

(66) 내일은 반장 선거가 있는 날이다.

(67) 삼촌은 유학 준비를 위해 휴학을 했다.

(68) 전기 사용량이 많은 한여름에는 전력이 부족하다.

(69) 오늘 저녁 동창 모임이 있다.

(70) 지하철의 개통으로 교통 문제가 일부 해소되었다.

(71) 너의 마음을 표현해야 다른 사람이 이해할 수 있다.

(72) 네 본연의 임무를 소홀히 하지 마라.

(73) 환경 파괴로 인해 지구의 온도가 점점 높아지고 있다.

(74) 시내 관광을 하고 난 뒤 저녁을 먹자.

(75) 인간을 만물의 영장이라고 한다.

(76) 가족이 건강해야 사회 전체가 건강해진다.

(77) 자기 잘못을 인정할 수 있는 용기가 필요하다.

(78) 부모님께서 외출하셔서 집에는 나 혼자 있다.

4 다음 漢字와 뜻이 상대 또는 반대되는 漢字를 쓰세요.
(79~81)

(79) ☐ ↔ 近

(80) 晝 ↔ ☐

(81) ☐ ↔ 答

5 다음 ☐ 안에 들어갈 漢字를 例에서 골라 그 번호를 써서 漢字語를 만드세요. (82~85)

例
① 末 ② 第 ③ 初 ④ 草
⑤ 弟 ⑥ 言 ⑦ 馬 ⑧ 計

(82) 今時☐聞   (83) 百年大☐

(84) 天下☐一   (85) ☐耳東風

6 다음 漢字와 뜻이 같거나 비슷한 漢字를 쓰세요. (86~88)

(86) 兒 - ☐

(87) 談 - ☐

(88) 圖 - ☐

7 다음 漢字와 音은 같은데 뜻이 다른 漢字를 例에서 골라 그 번호를 쓰세요. (89~91)

例
① 打 ② 自 ③ 紙
④ 神 ⑤ 庭 ⑥ 上

(89) 他

(90) 停

(91) 止

8 다음 뜻에 맞는 漢字語를 例에서 골라 그 번호를 쓰세요.
(92~94)

例
① 責望 ② 責任 ③ 事情
④ 直結 ⑤ 思考 ⑥ 勝算

(92) 이길 수 있는 가능성.

(93) 허물을 들어 꾸짖음.

(94) 직접 연결됨.

9 다음 漢字의 略字(약자 : 획수를 줄인 漢字)를 쓰세요. (95~97)

(95) 區   (96) 對

(97) 禮

10 다음 물음에 답하세요. (98~100)

(98) 空 ㉠

㉠획의 쓰는 순서를 아래에서 골라 그 번호를 쓰세요.

① 네 번째   ② 다섯 번째
③ 여섯 번째   ④ 일곱 번째

(99) 史 ㉠

㉠획의 쓰는 순서를 아래에서 골라 그 번호를 쓰세요.

① 첫 번째   ② 세 번째
③ 네 번째   ④ 다섯 번째

(100) 左 ㉠

㉠획의 쓰는 순서를 아래에서 골라 그 번호를 쓰세요.

① 첫 번째   ② 두 번째
③ 세 번째   ④ 다섯 번째

수험번호 ☐☐☐☐-☐☐-☐☐☐☐　　　성명 ☐☐☐☐☐

주민등록번호 ☐☐☐☐☐☐-☐☐☐☐☐☐☐

※ 유성 사인펜, 붉은색 필기구 사용 불가.

※ 답안지는 컴퓨터로 처리되므로 구기거나 더럽히지 마시고, 정답 칸 안에만 쓰십시오.
　글씨가 채점란으로 들어오면 오답처리가 됩니다.

전국한자능력검정시험 5급 답안지 (1)

번호	답안란 정답	채점란 1검	2검	번호	답안란 정답	채점란 1검	2검	번호	답안란 정답	채점란 1검	2검
1				17				33			
2				18				34			
3				19				35			
4				20				36			
5				21				37			
6				22				38			
7				23				39			
8				24				40			
9				25				41			
10				26				42			
11				27				43			
12				28				44			
13				29				45			
14				30				46			
15				31				47			
16				32				48			

감독위원	채점위원 (1)		채점위원 (2)		채점위원 (3)	
(서명)	(득점)	(서명)	(득점)	(서명)	(득점)	(서명)

※ 뒷면으로 이어짐

※ 본 답안지는 컴퓨터로 처리되므로 구겨지거나 더럽혀지지 않도록 조심하시고 글씨를 칸 안에 또박또박 쓰십시오.

전국한자능력검정시험 5급 답안지 (2)

번호	정답	1검	2검	번호	정답	1검	2검	번호	정답	1검	2검
49				67				85			
50				68				86			
51				69				87			
52				70				88			
53				71				89			
54				72				90			
55				73				91			
56				74				92			
57				75				93			
58				76				94			
59				77				95			
60				78				96			
61				79				97			
62				80				98			
63				81				99			
64				82				100			
65				83							
66				84							

답은 답안지에 작성하십시오.

 제한시간 **50**분

1 다음 漢字語의 讀音을 쓰세요. (1~35)

> 例
>
> 漢字 → 한자

(1) 停年	(2) 敬語
(3) 各別	(4) 相反
(5) 宿所	(6) 建立
(7) 病患	(8) 念願
(9) 救急	(10) 商品
(11) 過飮	(12) 書信
(13) 法規	(14) 放心
(15) 氷河	(16) 不良
(17) 夜行	(18) 實果
(19) 首都	(20) 開場
(21) 幸福	(22) 養成
(23) 可望	(24) 空軍
(25) 識字	(26) 太陽
(27) 死活	(28) 産地
(29) 傳說	(30) 月末
(31) 倍加	(32) 熱情
(33) 九重	(34) 德性
(35) 最善	

2 다음 漢字의 訓과 音을 쓰세요. (36~58)

> 例
>
> 字 → 글자 자

(36) 客	(37) 仙
(38) 財	(39) 期
(40) 惡	(41) 件
(42) 湖	(43) 告
(44) 鼻	(45) 調
(46) 勞	(47) 祝
(48) 則	(49) 終
(50) 擧	(51) 效
(52) 院	(53) 思
(54) 歲	(55) 産
(56) 選	(57) 課
(58) 知	

3 다음 밑줄 친 漢字語를 漢字로 쓰세요. (59~73)

(59) <u>시작</u>이 반이다.

(60) 오래된 물건이나 못 쓰는 물건을 <u>고물</u>이라고 한다.

(61) 농촌에서 폐교되는 <u>학교</u>를 보면 안타깝다.

(62) 새로 지은 도서관은 <u>현대화</u> 시설을 갖추고 있다.

(63) 시골집 <u>대문</u> 옆에는 큰 감나무가 있다.

(64) 학교에서 돌아오면 <u>간식</u>을 먹는다.

(65) 우리나라 <u>국기</u>는 태극기다.

(66) <u>동장</u>은 마을을 대표하는 어른이다.

(67) 꾸준한 반복 학습으로 실력이 많이 <u>향상</u>되었다.

(68) <u>자습</u>하는 습관은 학습 실력을 높인다.

(69) 나는 잠자기 전에 <u>일기</u>를 꼭 쓴다.

(70) 모든 <u>생명</u>은 소중하다.

(71) 좋은 <u>문장</u>은 사람의 마음을 감동시킨다.

(72) 정치를 잘해야 <u>백성</u>이 편하다.

(73) 실패를 <u>교훈</u> 삼아 조금 더 노력합시다.

4 다음 訓과 음에 맞는 漢字를 쓰세요. (74~78)

(74) 노래 가   (75) 잃을 실

(76) 바람 풍   (77) 말미암을 유

(78) 필 발

5 다음 漢字와 뜻이 상대 또는 반대되는 漢字를 쓰세요. (79~81)

(79) □ ↔ 外   (80) □ ↔ 害

(81) 黑 ↔ □

6 다음 □ 안에 들어갈 漢字를 쓰세요. (82~85)

(82) 敗家亡□   (83) □農工商

(84) 千萬多□   (85) 草□同色

7 다음 漢字와 뜻이 같거나 비슷한 漢字를 例에서 골라 그 번호를 쓰세요. (86~88)

例
① 平   ② 全   ③ 直
④ 植   ⑤ 林   ⑥ 序

(86) 正 - □   (87) 樹 - □

(88) 公 - □

8 다음 漢字語와 음은 같은데 뜻이 다른 漢字語를 例에서 골라 그 번호를 쓰세요. (89~91)

例
① 級數   ② 景氣   ③ 角度
④ 形式   ⑤ 開花   ⑥ 結束

(89) 改化   (90) 給水

(91) 競技

9 다음 漢字語의 뜻을 간단히 쓰세요. (92~94)

例
讀音 → 읽는 소리

(92) 萬能

(93) 每事

(94) 表示

10 다음 漢字의 略字(약자 : 획수를 줄인 漢字)를 쓰세요. (95~97)

(95) 讀   (96) 號

(97) 世

11 다음 물음에 답하세요. (98~100)

(98) 告 ㉠

㉠획의 쓰는 순서를 아래에서 골라 그 번호를 쓰세요.

① 첫 번째   ② 두 번째
③ 세 번째   ④ 네 번째

(99) 式 ㉠

㉠획의 쓰는 순서를 아래에서 골라 그 번호를 쓰세요.

① 두 번째   ② 세 번째
③ 네 번째   ④ 다섯 번째

(100) 里 ㉠

㉠획의 쓰는 순서를 아래에서 골라 그 번호를 쓰세요.

① 세 번째   ② 네 번째
③ 다섯 번째   ④ 여섯 번째

수험번호 □□□□-□□-□□□□　　　성명 □□□□□

주민등록번호 □□□□□□-□□□□□□□　　※ 유성 사인펜, 붉은색 필기구 사용 불가.

※ 답안지는 컴퓨터로 처리되므로 구기거나 더럽히지 마시고, 정답 칸 안에만 쓰십시오.
글씨가 채점란으로 들어오면 오답처리가 됩니다.

전국한자능력검정시험 5급 답안지 (1)

번호	답안란 정답	채점란 1검	채점란 2검	번호	답안란 정답	채점란 1검	채점란 2검	번호	답안란 정답	채점란 1검	채점란 2검
1				17				33			
2				18				34			
3				19				35			
4				20				36			
5				21				37			
6				22				38			
7				23				39			
8				24				40			
9				25				41			
10				26				42			
11				27				43			
12				28				44			
13				29				45			
14				30				46			
15				31				47			
16				32				48			

감독위원	채점위원 (1)		채점위원 (2)		채점위원 (3)	
(서명)	(득점)	(서명)	(득점)	(서명)	(득점)	(서명)

※ 뒷면으로 이어짐

※ 본 답안지는 컴퓨터로 처리되므로 구겨지거나 더럽혀지지 않도록 조심하시고 글씨를 칸 안에 또박또박 쓰십시오.

전국한자능력검정시험 5급 답안지 (2)

답안란		채점란		답안란		채점란		답안란		채점란	
번호	정답	1검	2검	번호	정답	1검	2검	번호	정답	1검	2검
49				67				85			
50				68				86			
51				69				87			
52				70				88			
53				71				89			
54				72				90			
55				73				91			
56				74				92			
57				75				93			
58				76				94			
59				77				95			
60				78				96			
61				79				97			
62				80				98			
63				81				99			
64				82				100			
65				83							
66				84							

답은 답안지에 작성하십시오.

 제한시간 **50** 분

1 다음 漢字語의 讀音을 쓰세요. (1~35)

例

漢字 → 한자

(1) 活力   (2) 課外

(3) 客觀   (4) 湖水

(5) 原因   (6) 選擧

(7) 約數   (8) 筆寫

(9) 格調   (10) 開業

(11) 獨食   (12) 基質

(13) 敬禮   (14) 陸橋

(15) 半島   (16) 漢陽

(17) 圖案   (18) 銀行

(19) 操作   (20) 卓球

(21) 完勝   (22) 合心

(23) 庭園   (24) 比重

(25) 祝願   (26) 化石

(27) 充當   (28) 洗練

(29) 固着   (30) 告示

(31) 特許   (32) 感氣

(33) 輕油   (34) 鐵則

(35) 韓屋

2 다음 漢字의 訓과 音을 쓰세요. (36~58)

例

字 → 글자 자

(36) 量   (37) 都

(38) 板   (39) 牛

(40) 商   (41) 件

(42) 炭   (43) 漁

(44) 說   (45) 凶

(46) 結   (47) 鮮

(48) 店   (49) 費

(50) 州   (51) 實

(52) 浴   (53) 順

(54) 領   (55) 仕

(56) 性   (57) 技

(58) 景

3 다음 밑줄 친 漢字語를 漢字로 쓰세요. (59~78)

(59) 우리 아버지는 <u>양복</u>보다 한복이 더 잘 어울린다.

(60) 어린 대나무의 성장 <u>속도</u>는 매우 빠르다.

(61) 주위에 <u>노인</u> 분이 계시면 잘 보살펴 드려야 한다.

(62) 환경 파괴로 수많은 <u>동물</u>들이 사라져 가고 있다.

(63) 우리 마을은 요즘 도서관 <u>공사</u>가 한창이다.

(64) 하늘을 지키는 군인을 <u>공군</u>이라고 한다.

(65) 제비는 늦가을이면 <u>강남</u>으로 돌아간다.

(66) 우리 반 <u>공동</u>으로 불우 이웃 성금을 냈다.

(67) 심청은 아버지께 지극 정성으로 <u>효도</u>를 했다.

(68) 기계는 항상 <u>사용</u>해야 녹슬지 않는다.

(69) 아버지께서는 아침마다 <u>신문</u>을 보신다.

(70) 한국 인삼은 세계적으로 <u>유명</u>하다.

(71) 과거의 일들이 <u>현재</u>의 결과로 나타난다.

(72) 그녀는 자식 <u>교육</u>에 열성적인 어머니이다.

(73) 이곳은 야생 동물의 <u>왕국</u>이다.

(74) 아버지의 형제가 나의 <u>삼촌</u>이다.

(75) 약속 <u>시간</u>을 잘 지켜야 한다.

(76) 제자는 마땅히 스승을 <u>부모</u>처럼 섬겨야 한다.

(77) <u>추석</u>에는 송편도 만들고 조상께 성묘도 한다.

(78) 전화와 컴퓨터의 발달로 인해 <u>서신</u>이 줄었다.

4 다음 漢字와 뜻이 상대 또는 반대되는 漢字를 쓰세요. (79~81)

(79) ☐ ↔ 足

(80) 祖 ↔ ☐

(81) ☐ ↔ 害

5 다음 ☐ 안에 들어갈 漢字를 例에서 골라 그 번호를 써서 漢字語를 만드세요. (82~85)

例
① 苦　② 訓　③ 現　④ 答
⑤ 見　⑥ 古　⑦ 場　⑧ 成

(82) 生死☐樂

(83) 門前☐市

(84) ☐民正音

(85) ☐物生心

6 다음 漢字와 뜻이 같거나 비슷한 漢字를 쓰세요. (86~88)

(86) ☐ - 語

(87) ☐ - 宅

(88) 計 - ☐

7 다음 漢字와 음은 같은데 뜻이 다른 漢字를 例에서 골라 그 번호를 쓰세요. (89~91)

例
① 姓　② 門　③ 切
④ 班　⑤ 交　⑥ 唱

(89) 反

(90) 窓

(91) 省

8 다음 뜻에 맞는 漢字語를 例에서 골라 그 번호를 쓰세요. (92~94)

例
① 思料　② 自白　③ 日記
④ 發明　⑤ 給料　⑥ 再考

(92) 다시 생각함.

(93) 일한 데에 대한 보수.

(94) 자기가 저지른 죄를 스스로 고백함.

9 다음 漢字의 略字(약자: 획수를 줄인 漢字)를 쓰세요. (95~97)

(95) 對　　　　(96) 會

(97) 來

10 다음 물음에 답하세요. (98~100)

(98) 兵 ㉠　㉠획의 쓰는 순서를 아래에서 골라 그 번호를 쓰세요.

① 두 번째　　　　② 세 번째
③ 네 번째　　　　④ 다섯 번째

(99) 氷 ㉠　㉠획의 쓰는 순서를 아래에서 골라 그 번호를 쓰세요.

① 첫 번째　　　　② 두 번째
③ 세 번째　　　　④ 네 번째

(100) 弟 ㉠　㉠획의 쓰는 순서를 아래에서 골라 그 번호를 쓰세요.

① 세 번째　　　　② 네 번째
③ 다섯 번째　　　　④ 여섯 번째

■ 사단법인 한국어문회 · 한국한자능력검정회 　　　　　　　　　　 0 5 1 　■

수험번호 □□□□-□□-□□□□　　　　성명 □□□□□

주민등록번호 □□□□□□-□□□□□□□
　　　　　　　　　　　　　　※ 유성 사인펜, 붉은색 필기구 사용 불가.

※ 답안지는 컴퓨터로 처리되므로 구기거나 더럽히지 마시고, 정답 칸 안에만 쓰십시오.
　글씨가 채점란으로 들어오면 오답처리가 됩니다.

전국한자능력검정시험 5급 답안지 (1)

번호	답안란 정답	채점란 1검	2검	번호	답안란 정답	채점란 1검	2검	번호	답안란 정답	채점란 1검	2검
1				17				33			
2				18				34			
3				19				35			
4				20				36			
5				21				37			
6				22				38			
7				23				39			
8				24				40			
9				25				41			
10				26				42			
11				27				43			
12				28				44			
13				29				45			
14				30				46			
15				31				47			
16				32				48			

감독위원	채점위원 (1)		채점위원 (2)		채점위원 (3)	
(서명)	(득점)	(서명)	(득점)	(서명)	(득점)	(서명)

■　　　　　　　　　　　　　　　　　　　　　　　　　　※ 뒷면으로 이어짐　■

※ 본 답안지는 컴퓨터로 처리되므로 구겨지거나 더럽혀지지 않도록 조심하시고 글씨를 칸 안에 또박또박 쓰십시오.

전국한자능력검정시험 5급 답안지 (2)

답안란		채점란		답안란		채점란		답안란		채점란	
번호	정답	1검	2검	번호	정답	1검	2검	번호	정답	1검	2검
49				67				85			
50				68				86			
51				69				87			
52				70				88			
53				71				89			
54				72				90			
55				73				91			
56				74				92			
57				75				93			
58				76				94			
59				77				95			
60				78				96			
61				79				97			
62				80				98			
63				81				99			
64				82				100			
65				83							
66				84							

국가공인 한자능력검정시험 예상문제집 5급

기출분석문제

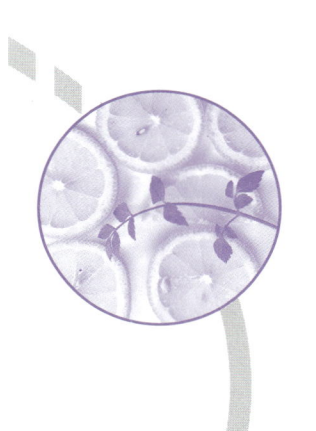

본 문제는 (사)한국어문회 시행 제28회 한자능력검정시험(2004. 10. 30)에 출제되었던 문제를 수험생들에게 수집한 것입니다.

제한시간 **50**분

1 다음 漢字語의 讀音을 쓰세요. (1~35)

(1) 再建 [   ]   (2) 白軍 [   ]
(3) 改良 [   ]   (4) 可當 [   ]
(5) 最近 [   ]   (6) 氣色 [   ]
(7) 汽車 [   ]   (8) 通關 [   ]
(9) 健兒 [   ]   (10) 品貴 [   ]
(11) 賞金 [   ]   (12) 內科 [   ]
(13) 術數 [   ]   (14) 陸橋 [   ]
(15) 加熱 [   ]   (16) 法規 [   ]
(17) 直球 [   ]   (18) 末期 [   ]
(19) 完工 [   ]   (20) 比等 [   ]
(21) 舊式 [   ]   (22) 廣告 [   ]
(23) 歌曲 [   ]   (24) 過去 [   ]
(25) 見習 [   ]   (26) 親交 [   ]
(27) 代價 [   ]   (28) 角木 [   ]
(29) 停年 [   ]   (30) 根本 [   ]
(31) 筆記 [   ]   (32) 說服 [   ]
(33) 急行 [   ]   (34) 競買 [   ]
(35) 知新 [   ]

2 다음 漢字의 訓과 音을 쓰세요. (36~58)

(36) 答 [   ]   (37) 世 [   ]
(38) 宿 [   ]   (39) 湖 [   ]
(40) 畫 [   ]   (41) 仕 [   ]
(42) 勞 [   ]   (43) 在 [   ]
(44) 具 [   ]   (45) 種 [   ]
(46) 望 [   ]   (47) 要 [   ]
(48) 量 [   ]   (49) 待 [   ]
(50) 使 [   ]   (51) 令 [   ]
(52) 多 [   ]   (53) 由 [   ]
(54) 夏 [   ]   (55) 村 [   ]
(56) 勇 [   ]   (57) 園 [   ]
(58) 旅 [   ]

3 다음 밑줄 친 漢字語를 漢字로 쓰세요. (59~76)

(59) 이 일을 끝낸 소감을 말해 보아라. ······[   ]
(60) 아동 도서의 선택은 더욱 중요하다. ···[   ]
(61) 그만하기가 정말 불행 중 다행입니다.
       ···[   ]
(62) 그는 이 분야의 고수라고 할 수 있다. ···[   ]
(63) 네가 쓴 용돈의 합계를 내보렴. ·········[   ]
(64) 집안에서 가장의 역할은 중요하다. ······[   ]
(65) 일본 문화의 개방은 한때 충격이었다. ···[   ]
(66) 무궁화 삼천리 금수 강산. ·················[   ]
(67) 과연 그의 말은 옳은 걸까? ···············[   ]
(68) 미로여서 도저히 출구를 찾을 수 없었다.
       ···[   ]
(69) 버스 노선을 잘 살펴보아라. ···············[   ]
(70) 태양 에너지는 공해를 일으키지 않는다.
       ···[   ]
(71) 얼마 있으면 중간 고사를 본다. ·········[   ]
(72) 시골 소녀들의 무작정 상경은 큰 고민거리였다.
       ···[   ]
(73) 성공을 하기 위해서는 실패를 두려워 말라.
       ···[   ]
(74) 이 기차의 자리는 입석밖에 남아 있지 않습니다.
       ···[   ]
(75) 어떤 사회든 각자의 역량을 최대한 발휘할 수 있어
       야 한다. ··[   ]
(76) 컴컴한 밤에도 시간을 쉽게 알 수 있는 야광 시계.
       ···[   ]

4 다음 漢字와 뜻이 상대 또는 반대되는 漢字를 쓰세요.
(77~80)

(77) 心 ↔ [　　　] 　　(78) 苦 ↔ [　　　]

(79) 祖 ↔ [　　　] 　　(80) [　　　] ↔ 今

5 다음 [　] 안에 들어갈 漢字를 例에서 골라 그 번호를 써서 漢字語를 만드세요. (81~85)

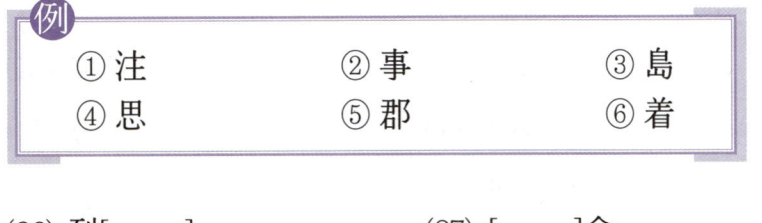

例

① 道　② 物　③ 命　④ 明　⑤ 番
⑥ 方　⑦ 獨　⑧ 百　⑨ 反　⑩ 半

(81) 野生動[　　] 　　(82) 大[　　]天地

(83) 八[　　]美人 　　(84) 無男[　　]女

(85) 決死[　　]對

6 다음 漢字와 뜻이 같거나 뜻이 비슷한 漢字를 例에서 골라 그 번호를 쓰세요. (86~88)

例

① 注　　② 事　　③ 島
④ 思　　⑤ 郡　　⑥ 着

(86) 到[　　] 　　(87) [　　]念

(88) [　　]邑

7 다음 漢字와 흠은 같은데 뜻이 다른 漢字를 例에서 골라 그 번호를 쓰세요. (89~91)

例

① 兄　② 情　③ 淸　④ 同　⑤ 的
⑥ 示　⑦ 共　⑧ 止　⑨ 以

(89) 靑 - [　　] 　　(90) 空 - [　　]

(91) 始 - [　　]

8 다음 뜻에 맞는 漢字語를 例에서 골라 그 번호를 쓰세요.
(92~94)

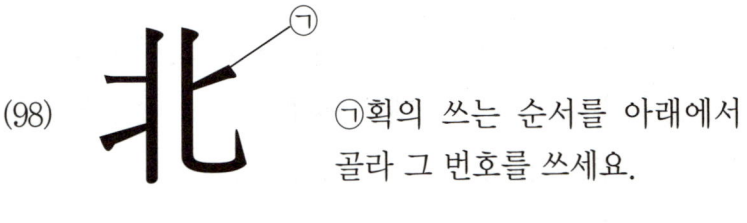

例

① 凶作　　② 首都　　③ 植樹
④ 責任　　⑤ 休業　　⑥ 強打

(92) 세계 침. ·····························[　　　]

(93) 나무를 심음. ·····················[　　　]

(94) 농작물이 잘 되지 못함. ·········[　　　]

9 다음 漢字의 略字(약자:획수를 줄인 漢字)를 쓰세요. (95~97)

(95) 萬 - [　　　] 　　(96) 戰 - [　　　]

(97) 學 - [　　　]

10 다음 물음에 답하세요. (98~100)

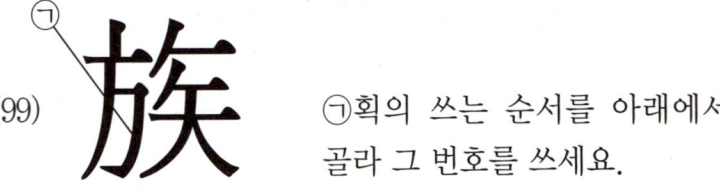

(98) 北 ㉠

㉠획의 쓰는 순서를 아래에서 골라 그 번호를 쓰세요.

① 두 번째 　　　② 세 번째
③ 네 번째 　　　④ 다섯 번째

(99) ㉠ 族

㉠획의 쓰는 순서를 아래에서 골라 그 번호를 쓰세요.

① 두 번째 　　　② 세 번째
③ 네 번째 　　　④ 다섯 번째

(100) 雪 ㉠

㉠획의 쓰는 순서를 아래에서 골라 그 번호를 쓰세요.

① 여덟 번째 　　② 아홉 번째
③ 열 번째 　　　④ 열한 번째

본 문제는 (사)한국어문회 시행 제27회 한자능력검정시험(2004. 7. 24)에 출제되었던 문제를 수험생들에게 수집한 것입니다.

제한시간 50분

1 다음 漢字語의 讀音을 쓰세요. (1~35)

(1) 舊橋 [   ] 　(2) 景品 [   ]
(3) 完結 [   ] 　(4) 熱望 [   ]
(5) 法典 [   ] 　(6) 過度 [   ]
(7) 曲調 [   ] 　(8) 德談 [   ]
(9) 最初 [   ] 　(10) 價格 [   ]
(11) 問責 [   ] 　(12) 雨量 [   ]
(13) 原油 [   ] 　(14) 急賣 [   ]
(15) 效果 [   ] 　(16) 奉祝 [   ]
(17) 週給 [   ] 　(18) 雲雪 [   ]
(19) 再建 [   ] 　(20) 種類 [   ]
(21) 告示 [   ] 　(22) 實質 [   ]
(23) 商船 [   ] 　(24) 開店 [   ]
(25) 終末 [   ] 　(26) 獨島 [   ]
(27) 約束 [   ] 　(28) 惡材 [   ]
(29) 晝夜 [   ] 　(30) 當然 [   ]
(31) 着陸 [   ] 　(32) 知識 [   ]
(33) 災害 [   ] 　(34) 溫情 [   ]
(35) 順序 [   ]

2 다음 漢字의 訓과 音을 쓰세요. (36~58)

(36) 速 [   ] 　(37) 節 [   ]
(38) 旅 [   ] 　(39) 救 [   ]
(40) 筆 [   ] 　(41) 願 [   ]
(42) 領 [   ] 　(43) 院 [   ]
(44) 醫 [   ] 　(45) 他 [   ]
(46) 曜 [   ] 　(47) 費 [   ]
(48) 財 [   ] 　(49) 社 [   ]
(50) 板 [   ] 　(51) 養 [   ]
(52) 査 [   ] 　(53) 觀 [   ]
(54) 貯 [   ] 　(55) 致 [   ]
(56) 勝 [   ] 　(57) 業 [   ]
(58) 擧 [   ]

3 다음 밑줄 친 漢字語를 漢字로 쓰세요. (59~73)

(59) 인명은 소중합니다. ·············· [   ]
(60) 아침 운동을 합니다. ·············· [   ]
(61) 교통 안전에 힘씁시다. ·············· [   ]
(62) 수산 시장에 갔습니다. ·············· [   ]
(63) 아침에 창문을 엽니다. ·············· [   ]
(64) 정직한 사람이 됩시다. ·············· [   ]
(65) 4월 5일은 식목일입니다. ·············· [   ]
(66) 태양 광선이 눈부십니다. ·············· [   ]
(67) 넓은 해양으로 나갑시다. ·············· [   ]
(68) 야구 시합 구경을 갑니다. ·············· [   ]
(69) 차는 우측 통행을 합니다. ·············· [   ]
(70) 비행기는 고공을 납니다. ·············· [   ]
(71) 조상의 얼을 이어 받읍시다. ·············· [   ]
(72) 재미있는 동화책을 읽습니다. ·············· [   ]
(73) 감기에 안 걸린 것이 다행입니다. ······· [   ]

4 다음 訓과 音에 맞는 漢字를 쓰세요. (74~78)

(74) 차례 번 [   ] 　(75) 맑을 청 [   ]
(76) 아침 조 [   ] 　(77) 믿을 신 [   ]
(78) 옷　복 [   ]

5 다음 漢字와 뜻이 상대 또는 반대되는 漢字를 쓰세요.
(79~81)

(79) [　　　] ↔ 客　　　(80) 強 ↔ [　　　]

(81) 勞 ↔ [　　　]

6 다음 [　] 안에 들어갈 漢字를 例에서 골라 그 번호를 써서 漢字語를 만드세요. (82~85)

> 例
> ① 平　　② 宅　　③ 苦　　④ 選
> ⑤ 林　　⑥ 敗　　⑦ 福　　⑧ 無

(82) 男女[　　]等　　　(83) 農[　　]水産

(84) 有口[　　]言　　　(85) 生死[　　]樂

7 다음 漢字와 뜻이 같거나 뜻이 비슷한 漢字를 例에서 골라 그 번호를 쓰세요. (86~88)

> 例
> ① 爭　　② 史　　③ 念
> ④ 止　　⑤ 輕　　⑥ 定

(86) 思 - [　　　]　　　(87) 競 - [　　　]

(88) 停 - [　　　]

8 다음 뜻에 맞는 漢字語를 例에서 골라 그 번호를 쓰세요.
(89~91)

> 例
> ① 青綠　　② 新鮮　　③ 考案
> ④ 明日　　⑤ 吉日　　⑥ 特許

(89) 좋은 날. ·· [　　　]

(90) 생각해 냄. ····································· [　　　]

(91) 새롭고 산뜻함. ··························· [　　　]

9 다음 밑줄 친 단어에 맞는 漢字語를 例에서 골라 그 번호를 쓰세요. (92~94)

> 例
> ① 教長　　② 校長　　③ 消化
> ④ 時氣　　⑤ 消火　　⑥ 時期

(92) 봄은 꽃 피는 <u>시기</u>입니다. ············· [　　　]

(93) <u>교장</u> 선생님이 말씀하십니다. ········· [　　　]

(94) 밥 먹고 <u>소화</u>제를 먹었습니다. ········ [　　　]

10 다음 漢字의 略字(약자:획수를 줄인 漢字)를 쓰세요. (95~97)

(95) 對 - [　　　]　　　(96) 發 - [　　　]

(97) 體 - [　　　]

11 다음 물음에 답하세요. (98~100)

(98) 年 　ㄱ획의 쓰는 순서를 아래에서 골라 그 번호를 쓰세요.

① 여섯 번째　　　　② 다섯 번째

③ 세 번째　　　　　④ 네 번째

(99) 母　ㄱ획의 쓰는 순서를 아래에서 골라 그 번호를 쓰세요.

① 두 번째　　　　② 세 번째

③ 네 번째　　　　④ 다섯 번째

(100) 共　ㄱ획의 쓰는 순서를 아래에서 골라 그 번호를 쓰세요.

① 여섯 번째　　　　② 다섯 번째

③ 네 번째　　　　　④ 세 번째

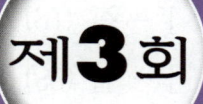

합격점수 **70**점

제**3**회 한자능력검정시험 **5**급 기출분석문제

본 문제는 (사)한국어문회 시행 제26회 한자능력검정시험(2004. 4. 24)에 출제되었던 문제를 수험생들에게 수집한 것입니다.

제한시간 **50**분

1 다음 漢字語의 讀音을 쓰세요. (1~35)

(1) 地球 [   ]
(2) 汽車 [   ]
(3) 命令 [   ]
(4) 健全 [   ]
(5) 科目 [   ]
(6) 時調 [   ]
(7) 對局 [   ]
(8) 事件 [   ]
(9) 昨今 [   ]
(10) 停止 [   ]
(11) 約束 [   ]
(12) 樹木 [   ]
(13) 材料 [   ]
(14) 大雪 [   ]
(15) 參席 [   ]
(16) 禮節 [   ]
(17) 消火 [   ]
(18) 板子 [   ]
(19) 最高 [   ]
(20) 病院 [   ]
(21) 歷史 [   ]
(22) 百姓 [   ]
(23) 勞苦 [   ]
(24) 鐵則 [   ]
(25) 旅行 [   ]
(26) 費用 [   ]
(27) 市場 [   ]
(28) 新鮮 [   ]
(29) 落葉 [   ]
(30) 敬意 [   ]
(31) 理由 [   ]
(32) 末路 [   ]
(33) 漁業 [   ]
(34) 花壇 [   ]
(35) 道德 [   ]

2 다음 漢字의 訓과 音을 쓰세요. (36~58)

(36) 念 [   ]
(37) 獨 [   ]
(38) 決 [   ]
(39) 傳 [   ]
(40) 效 [   ]
(41) 曜 [   ]
(42) 因 [   ]
(43) 序 [   ]
(44) 放 [   ]
(45) 査 [   ]
(46) 宿 [   ]
(47) 寒 [   ]
(48) 聞 [   ]
(49) 陸 [   ]
(50) 願 [   ]
(51) 責 [   ]
(52) 曲 [   ]
(53) 領 [   ]
(54) 罪 [   ]
(55) 園 [   ]
(56) 直 [   ]
(57) 湖 [   ]
(58) 練 [   ]

3 다음 밑줄 친 漢字語를 漢字로 쓰세요. (59~71)

(59) 승리의 월계관. ·············[   ]
(60) 관계자 외 출입 금지. ·········[   ]
(61) 오늘은 오전 수업만 한다. ·······[   ]
(62) 차에 주유할 때가 되었다. ·······[   ]
(63) 매번 어려움을 겪는 주인공. ·····[   ]
(64) 성적에 따라 등급을 매기다. ·······[   ]
(65) 가을이 되니 날이 청명하다. ·······[   ]
(66) 인간의 불행은 욕심으로부터 온다. ····[   ]
(67) 서울 주민의 반 이상이 제 집이 없다. ···[   ]
(68) 마음을 다스리는 데는 일기를 쓰는 것이 좋다.
·············[   ]
(69) 종교는 인간의 영생에 대한 바람으로 발생했다.
·············[   ]
(70) 요즘은 가정 교육의 부재를 말하는 사람이 많다.
·············[   ]
(71) 전기의 발견은 인류 문명 발달에 지대한 영향을 끼쳤다. ·············[   ]

4 다음 訓과 音에 맞는 漢字를 쓰세요. (72~76)

(72) 편안 안 [   ]
(73) 한가지 동 [   ]
(74) 살 활 [   ]
(75) 큰바다 양 [   ]
(76) 살필 성 [   ]

5 다음 漢字와 뜻이 상대 또는 반대되는 漢字를 쓰세요.
(77~80)

(77) 近 ↔ [   ]   (78) 多 ↔ [   ]

(79) 黑 ↔ [   ]   (80) 朝 ↔ [   ]

6 다음 [   ] 안에 들어갈 漢字를 例에서 골라 그 번호를 써서 漢字語를 만드세요. (81~85)

例
① 商   ② 神   ③ 信   ④ 陽   ⑤ 北
⑥ 賞   ⑦ 綠   ⑧ 比   ⑨ 靑   ⑩ 養

(81) 正[   ]例   (82) [   ]品流通

(83) 交友以[   ]   (84) 山林[   ]化

(85) 父母奉[   ]

7 다음 漢字와 뜻이 같거나 비슷한 漢字를 例에서 골라 그 번호를 쓰세요. (86~88)

例
① 書   ② 畫   ③ 都
④ 競   ⑤ 害   ⑥ 郡

(86) 爭 – [   ]   (87) 圖 – [   ]

(88) 邑 – [   ]

8 다음 漢字와 音은 같은데 뜻이 다른 漢字를 例에서 골라 그 번호를 쓰세요. (89~91)

例
① 炭   ② 夏   ③ 待   ④ 後   ⑤ 仕
⑥ 章   ⑦ 善   ⑧ 舊   ⑨ 韓

(89) 具 – [   ]   (90) 船 – [   ]

(91) 長 – [   ]

9 다음 뜻에 맞는 漢字語를 例에서 골라 그 번호를 쓰세요.
(92~94)

例
① 技術   ② 表現   ③ 凶年
④ 始終   ⑤ 飮食   ⑥ 加重

(92) 처음과 끝. · [   ]

(93) 더 무겁게 함. · · · · · · · · · · · · · · · · · [   ]

(94) 의사나 감정 등을 드러내어 나타냄. · · · · · [   ]

10 다음 漢字의 略字(약자:획수를 줄인 漢字)를 쓰세요. (95~97)

(95) 體 – [   ]   (96) 來 – [   ]

(97) 區 – [   ]

11 다음 물음에 답하세요. (98~100)

(98) 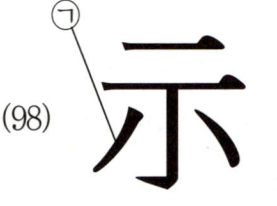   ㉠획의 쓰는 순서를 아래에서 골라 그 번호를 쓰세요.

① 두 번째   ② 세 번째

③ 네 번째   ④ 다섯 번째

(99) 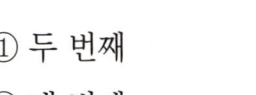   ㉠획의 쓰는 순서를 아래에서 골라 그 번호를 쓰세요.

① 세 번째   ② 네 번째

③ 다섯 번째   ④ 여섯 번째

(100)    ㉠획의 쓰는 순서를 아래에서 골라 그 번호를 쓰세요.

① 첫 번째   ② 두 번째

③ 세 번째   ④ 네 번째

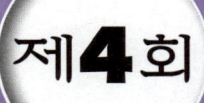
본 문제는 (사)한국어문회 시행 제25회 한자능력검정시험(2003. 10. 25)에 출제되었던 문제를 수험생들에게 수집한 것입니다.

제한시간 **50분**

1 다음 漢字語의 讀音을 쓰세요. (1~35)

(1) 反對 [   ]   (2) 到着 [   ]

(3) 調査 [   ]   (4) 順序 [   ]

(5) 約束 [   ]   (6) 再建 [   ]

(7) 石炭 [   ]   (8) 效果 [   ]

(9) 可決 [   ]   (10) 健兒 [   ]

(11) 溫室 [   ]   (12) 要領 [   ]

(13) 通關 [   ]   (14) 敗亡 [   ]

(15) 寒害 [   ]   (16) 晝夜 [   ]

(17) 景致 [   ]   (18) 說明 [   ]

(19) 速流 [   ]   (20) 患部 [   ]

(21) 熱量 [   ]   (22) 太陽 [   ]

(23) 友情 [   ]   (24) 法則 [   ]

(25) 陸橋 [   ]   (26) 最初 [   ]

(27) 變因 [   ]   (28) 加筆 [   ]

(29) 漁業 [   ]   (30) 卓球 [   ]

(31) 性質 [   ]   (32) 課題 [   ]

(33) 廣板 [   ]   (34) 德談 [   ]

(35) 運動 [   ]

2 다음 漢字의 訓과 音을 쓰세요. (36~59)

(36) 財 [   ]   (37) 責 [   ]

(38) 唱 [   ]   (39) 賣 [   ]

(40) 登 [   ]   (41) 救 [   ]

(42) 族 [   ]   (43) 擧 [   ]

(44) 葉 [   ]   (45) 湖 [   ]

(46) 終 [   ]   (47) 雲 [   ]

(48) 操 [   ]   (49) 感 [   ]

(50) 貯 [   ]   (51) 類 [   ]

(52) 賞 [   ]   (53) 費 [   ]

(54) 勝 [   ]   (55) 偉 [   ]

(56) 良 [   ]   (57) 命 [   ]

(58) 急 [   ]   (59) 規 [   ]

3 다음 밑줄 친 漢字語를 漢字로 쓰세요. (60~74)

(60) 교통이 편리합니다. ·············· [   ]

(61) 세상은 참 넓습니다. ·············· [   ]

(62) 정직한 사람이 됩시다. ··········· [   ]

(63) 아버지가 외출하십니다. ········· [   ]

(64) 시장에서 물건을 삽니다. ········ [   ]

(65) 차도에는 차만 다닙니다. ········ [   ]

(66) 계산 문제가 어렵습니다. ········ [   ]

(67) 씩씩한 청년이 많습니다. ········ [   ]

(68) 학교 교육은 매우 중요합니다. ········· [   ]

(69) 주유소에서 기름을 넣습니다. ········· [   ]

(70) 농촌에서 식량을 생산합니다. ········· [   ]

(71) 마을 주민들이 청소를 합니다. ········· [   ]

(72) 노래 장단에 맞춰 춤을 춥니다. ········· [   ]

(73) 가족은 고락을 같이하며 삽니다. ········· [   ]

(74) 그는 추석을 쇠러 시골집으로 내려왔습니다.
········· [   ]

4 다음 訓과 音에 맞는 漢字를 쓰세요. (75~79)

(75) 눈 설 [   ]   (76) 아침 조 [   ]

(77) 아이 동 [   ]   (78) 뿌리 근 [   ]

(79) 심을 식 [   ]

5 다음 漢字와 뜻이 상대 또는 반대되는 漢字를 쓰세요.
(80~83)

(80) 輕 ↔ [   ]   (81) [   ] ↔ 舊

(82) 勞 ↔ [   ]   (83) [   ] ↔ 無

6 다음 [ ] 안에 들어갈 漢字를 例에서 골라 그 번호를 써서
漢字語를 만드세요. (84~88)

例
① 案   ② 給   ③ 打   ④ 相   ⑤ 材
⑥ 獨   ⑦ 能   ⑧ 會   ⑨ 養   ⑩ 奉

(84) 親切[   ]仕   (85) [   ]立萬歲

(86) 旅行[   ]內   (87) 自[   ]自足

(88) 信用社[   ]

7 다음 漢字와 뜻이 같거나 뜻이 비슷한 漢字를 例에서 골라
그 번호를 쓰세요. (89~91)

例
① 災   ② 止   ③ 競
④ 術   ⑤ 己   ⑥ 識

(89) 知 – [   ]   (90) 爭 – [   ]

(91) 技 – [   ]

8 다음 漢字語와 음은 같은데 뜻이 다른 漢字語를 例에서 골라
그 번호를 쓰세요. (92~94)

例
① 典貴   ② 電氣   ③ 告示
④ 古家   ⑤ 力士   ⑥ 綠地

(92) 高價 – [   ]   (93) 傳記 – [   ]

(94) 歷史 – [   ]

9 다음 밑줄 친 단어에 맞는 漢字語를 例에서 골라 그 번호를
쓰세요. (95~97)

例
① 開放   ② 改選   ③ 事前
④ 開方   ⑤ 改善   ⑥ 死戰

(95) 그 일을 사전에 알았다. ·············[   ]

(96) 덕수궁을 무료로 개방하였다. ··········[   ]

(97) 그 방법을 더 좋게 개선합시다. ········[   ]

10 다음 漢字의 略字(약자 : 획수를 줄인 漢字)를 쓰세요. (98~100)

(98) 體 – [   ]   (99) 學 – [   ]

(100) 號 – [   ]

합격점수 **70**점

본 문제는 (사)한국어문회 시행 제24회 한자능력검정시험(2003. 7. 26)에 출제되었던 문제를 수험생들에게 수집한 것입니다.

제한시간 **50**분

1 다음 漢字語의 讀音을 쓰세요. (1~35)

(1) 火災 [   ]   (2) 效果 [   ]

(3) 參席 [   ]   (4) 雲集 [   ]

(5) 奉仕 [   ]   (6) 商業 [   ]

(7) 打作 [   ]   (8) 幸福 [   ]

(9) 陸軍 [   ]   (10) 元老 [   ]

(11) 汽船 [   ]   (12) 性質 [   ]

(13) 再會 [   ]   (14) 左右 [   ]

(15) 萬歲 [   ]   (16) 班長 [   ]

(17) 親舊 [   ]   (18) 半島 [   ]

(19) 說明 [   ]   (20) 溫室 [   ]

(21) 選出 [   ]   (22) 格式 [   ]

(23) 吉凶 [   ]   (24) 救命 [   ]

(25) 獨唱 [   ]   (26) 最新 [   ]

(27) 調和 [   ]   (28) 飮食 [   ]

(29) 病院 [   ]   (30) 德育 [   ]

(31) 完全 [   ]   (32) 晝夜 [   ]

(33) 消費 [   ]   (34) 落葉 [   ]

(35) 廣場 [   ]

2 다음 漢字의 訓과 音을 쓰세요. (36~59)

(36) 臣 [   ]   (37) 使 [   ]

(38) 由 [   ]   (39) 寸 [   ]

(40) 終 [   ]   (41) 化 [   ]

(42) 勞 [   ]   (43) 表 [   ]

(44) 識 [   ]   (45) 重 [   ]

(46) 利 [   ]   (47) 現 [   ]

(48) 急 [   ]   (49) 首 [   ]

(50) 米 [   ]   (51) 的 [   ]

(52) 堂 [   ]   (53) 少 [   ]

(54) 冬 [   ]   (55) 市 [   ]

(56) 比 [   ]   (57) 實 [   ]

(58) 省 [   ]   (59) 令 [   ]

3 다음 訓과 音에 맞는 漢字를 쓰세요. (60~64)

(60) 필 **발** [   ]   (61) 머리 두 [   ]

(62) 살 **주** [   ]   (63) 그럴 **연** [   ]

(64) 열 **개** [   ]

4 다음 밑줄 친 漢字語를 漢字로 쓰세요. (65~79)

(65) 주말에는 온 **가족**이 모여 식사를 한다. [   ]

(66) 봄에는 **산림**녹화에 힘써야 한다. ……[   ]

(67) 그 **영화**는 참으로 감동적이었다. ……[   ]

(68) 환호하는 관중에게 **가수**는 열창으로 답례하였다.

[   ]

(69) 좁은 **공간**을 잘 활용하면 보다 넓게 쓸 수 있다.

[   ]

(70) 내일도 **태양**은 어김없이 떠오른다. ……[   ]

(71) 매일 **일기**를 쓰면 문장력이 좋아진다. [   ]

(72) 봄이 지나고 더워지면 학생들은 **하복**을 입는다.

[   ]

(73) **근래**에 이르러 경제가 점점 더 어려워지고 있다.

[   ]

(74) 건강한 **신체**에 건강한 정신이 담긴다. …[   ]

(75) 문화인이라면 **공공**시설을 자기 것처럼 아껴야 한다.

[   ]

(76) 동양과 **서양**은 문화면에서 많은 차이점이 있다.

[   ]

(77) 같은 물건이라 해도 보는 **각도**에 따라 전혀 달라 보인다.

[   ]

(78) 서해를 **황해**라고도 부른다. …………[   ]

(79) 동서고금을 막론하고 예절은 매우 중요한 덕목이다.

[   ]

5 다음 漢字와 음은 같은데 뜻이 다른 漢字를 例에서 골라 그 번호를 쓰세요. (80~82)

例
① 習   ② 交   ③ 固   ④ 向   ⑤ 基
⑥ 門   ⑦ 敬   ⑧ 李   ⑨ 球

(80) 區 － [   ]   (81) 教 － [   ]
(82) 問 － [   ]

6 다음 漢字와 뜻이 상대 또는 반대되는 漢字를 쓰세요. (83~86)

(83) 客 ↔ [   ]   (84) [   ] ↔ 弱
(85) 曲 ↔ [   ]   (86) [   ] ↔ 夕

7 다음 漢字와 뜻이 같거나 뜻이 비슷한 漢字를 例에서 골라 그 번호를 쓰세요. (87~89)

例
① 寒   ② 藥   ③ 爭   ④ 法   ⑤ 春
⑥ 鮮   ⑦ 改   ⑧ 良   ⑨ 板

(87) 規 － [   ]   (88) 競 － [   ]
(89) 冷 － [   ]

8 다음 [　] 안에 들어갈 漢字를 例에서 골라 그 번호를 써서 漢字語를 만드세요. (90~94)

例
① 言   ② 見   ③ 川   ④ 技   ⑤ 聞
⑥ 年   ⑦ 氣   ⑧ 南   ⑨ 里   ⑩ 男

(90) 科學[   ]術   (91) [   ]物生心
(92) 不遠千[   ]   (93) 百[   ]大計
(94) 善[   ]善女

9 다음 뜻에 맞는 漢字語를 例에서 골라 그 번호를 쓰세요. (95~97)

例
① 分別   ② 過失   ③ 約束
④ 結合   ⑤ 種類   ⑥ 勝敗

(95) 잘못, 허물. ·····················[   ]
(96) 사물을 제 분수대로 각각 나누어 가름. ···[   ]
(97) 모아서 묶음. 장래에 할 일에 대하여 상대방과 서로 언약하여 정함. ·····················[   ]

10 다음 漢字의 略字(약자 : 획수를 줄인 漢字)를 쓰세요. (98~100)

(98) 號 － [   ]   (99) 對 － [   ]
(100) 國 － [   ]

실전예상문제 **01**회

(1) 도표	(2) 경쟁	(3) 구습	(4) 등급
(5) 종목	(6) 기금	(7) 친정	(8) 노사
(9) 대담	(10) 가격	(11) 규약	(12) 경기
(13) 참관	(14) 빙판	(15) 녹지	(16) 탁견
(17) 단속	(18) 봉축	(19) 동리	(20) 입장
(21) 사정	(22) 매점	(23) 세월	(24) 성급
(25) 패배	(26) 신동	(27) 설교	(28) 정전
(29) 어업	(30) 합숙	(31) 영공	(32) 낭독
(33) 효능	(34) 필기	(35) 미음	(36) 마땅 당
(37) 귀할 귀	(38) 잡을 조	(39) 고칠 개	(40) 비 우
(41) 재앙 재	(42) 숯 탄	(43) 꾸짖을 책	(44) 허락할 허
(45) 칠 타	(46) 아이 아	(47) 섬 도	(48) 맡길 임
(49) 수컷 웅	(50) 클 위	(51) 고울 선	(52) 줄 급
(53) 생각 념	(54) 떨어질 락	(55) 베낄 사	(56) 흥할 흥
(57) 나그네 려	(58) 망할 망	(59) 登山	(60) 社長
(61) 生命	(62) 半年	(63) 西海	(64) 太古
(65) 失手	(66) 校歌	(67) 成果	(68) 本心
(69) 速度	(70) 運動	(71) 形式	(72) 各自
(73) 道路	(74) 夜	(75) 科	(76) 番
(77) 雪	(78) 植	(79) 來	(80) 重
(81) 白	(82) ②	(83) ⑥	(84) ③
(85) ⑦	(86) ⑥	(87) ①	(88) ⑤
(89) ①	(90) ④	(91) ⑤	(92) ③
(93) ⑥	(94) ②	(95) 国	(96) 発
(97) 戦	(98) ④	(99) ④	(100) ②

 해설

(13) 參 : ① 참여할 참, ② 석 삼(갖은자). 여기서는 ①로 쓰였다.

(15) 두음법칙 현상으로, '綠(푸를 록)'이 '녹'으로 발음된다.

(31) 두음법칙 현상으로, '領(거느릴 령)'이 '영'으로 발음된다.

(32) 두음법칙 현상으로, '朗(밝을 랑)'이 '낭'으로 발음된다.

(82) 百年河淸(백년하청) : 중국의 황허 강(黃河江)이 늘 흐려 맑을 때가 없다는 뜻으로, 아무리 오랜 시일이 지나도 어떤 일이 이루어지기 어려움을 이르는 말.

(83) 知行合一(지행합일) : 지식과 행동이 서로 맞음.

(84) 馬耳東風(마이동풍) : 말의 귀에 동풍이 불어도 아랑곳하지 아니한다는 뜻으로, 남의 말을 귀담아듣지 아니하고 지나쳐 흘려 버림을 이르는 말.

(85) 有名無實(유명무실) : 이름만 그럴듯하고 실속은 없음.

(98) 可 : 一 丁 丌 可 可

(99) 牛 : ノ ⺊ ⺈ 牛

(100) 局 : 一 ⼬ 尸 月 戶 局 局

실전예상문제 **02**회

(1) 상담	(2) 여비	(3) 선명	(4) 숙환
(5) 승리	(6) 상선	(7) 계량	(8) 배수
(9) 식견	(10) 민주	(11) 요건	(12) 만물
(13) 철공	(14) 냉수	(15) 최고	(16) 도매
(17) 화원	(18) 길운	(19) 방화	(20) 형국
(21) 필독	(22) 과제	(23) 품종	(24) 곡조
(25) 타산	(26) 영웅	(27) 충당	(28) 매번
(29) 조심	(30) 특명	(31) 주간	(32) 작야
(33) 재해	(34) 소원	(35) 육지	(36) 흐를 류
(37) 터 기	(38) 망할 망	(39) 능할 능	(40) 없을 무
(41) 널 판	(42) 법 법	(43) 뜻 정	(44) 넓을 광
(45) 붙을 착	(46) 순할 순	(47) 부를 창	(48) 참여할 참/석 삼
(49) 책상 안	(50) 잎 엽	(51) 패할 패	(52) 써 이
(53) 될 화	(54) 쌓을 저	(55) 얼음 빙	(56) 세울 건
(57) 목욕할 욕	(58) 구원할 구	(59) 秋夕	(60) 多少
(61) 例外	(62) 入場	(63) 溫和	(64) 區別
(65) 天才	(66) 兄夫	(67) 一等	(68) 始作
(69) 體重	(70) 向上	(71) 靑年	(72) 先頭
(73) 果樹	(74) 禮	(75) 根	(76) 學
(77) 平	(78) 銀	(79) 直	(80) 功
(81) 使	(82) ⑦	(83) ①	(84) ⑧
(85) ⑤	(86) ③	(87) ②	(88) ⑤
(89) ②	(90) ⑥	(91) ①	(92) ③
(93) ⑥	(94) ④	(95) 会	(96) 薬
(97) 図	(98) ②	(99) ④	(100) ④

 해설

(2) 두음법칙 현상으로, '旅(나그네 려)'가 '여'로 발음된다.

(9) 識 : ① 알 식, ② 기록할 지. 여기서는 ①로 쓰였다.

(14) 두음법칙 현상으로, '冷(찰 랭)'이 '냉'으로 발음된다.

(21) 讀 : ① 읽을 독, ② 구절 두. 여기서는 ①로 쓰였다.

(35) 두음법칙 현상으로, '陸(뭍 륙)'이 '육'으로 발음된다.

(80) 功過 : 공로와 과실. 功(공 공) ↔ 過(허물 과)

(82) 見物生心(견물생심) : 어떠한 실물을 보게 되면 그것을 가지고 싶은 욕심이 생김.

(83) 自問自答(자문자답) : 스스로 묻고 스스로 대답함.

(84) 聞一知十(문일지십) : 하나를 듣고 열 가지를 미루어 안다는 뜻으로, 지극히 총명함을 이르는 말.

(85) 白面書生(백면서생) : 한갓 글만 읽고 세상일에는 전혀 경험이 없는 사람.

(98) 加 : ㄱ 力 加 加 加

(99) 果 : 丨 冂 冃 日 旦 里 果 果

(100) 束 : 一 ⼬ ⿱ 市 市 束 束

실전예상문제 03회

(1) 패배	(2) 여행	(3) 음악	(4) 원조
(5) 부동	(6) 작성	(7) 경어	(8) 법규
(9) 광고	(10) 일체/일절	(11) 기선	(12) 착공
(13) 반성	(14) 가능	(15) 낙도	(16) 타인
(17) 당번	(18) 각별	(19) 동리	(20) 필승
(21) 편안	(22) 감기	(23) 물품	(24) 화급
(25) 계산	(26) 참석	(27) 변질	(28) 격식
(29) 사료	(30) 관망	(31) 지식	(32) 개화
(33) 속도	(34) 획순	(35) 오한	(36) 값 가
(37) 조사할 사	(38) 집 옥	(39) 단 단	(40) 머무를 정
(41) 큰 덕	(42) 팔 매	(43) 전할 전	(44) 신하 신
(45) 다툴 경	(46) 길할 길	(47) 받들 봉	(48) 지날 과
(49) 가장 최	(50) 책상 안	(51) 높을 탁	(52) 말 마
(53) 밝을 랑	(54) 널 판	(55) 요긴할 요	(56) 굳을 고
(57) 물 하	(58) 써 이	(59) 永遠	(60) 休校
(61) 平野	(62) 題目	(63) 表現	(64) 大門
(65) 問病	(66) 新聞	(67) 教室	(68) 間食
(69) 旗手	(70) 同時	(71) 方向	(72) 書堂
(73) 文章	(74) 場所	(75) 日記	(76) 風習
(77) 便紙	(78) 韓食	(79) 農	(80) 直
(81) 主	(82) ③	(83) ④	(84) ⑧
(85) ②	(86) ②	(87) ④	(88) ⑤
(89) ③	(90) ⑥	(91) ①	(92) 아주 귀중함
(93) 죽기살기/어떤 중요한 문제		(94) 집안 어른이 자녀들에게 주는 교훈	
(95) 数	(96) 体	(97) 区	(98) ①
(99) ②	(100) ④		

해설

(5) '不(아니 불)' 다음에 'ㄷ, ㅈ'이 오면 '부'로 발음된다.

(10) 一切 ┌ 일절 : 아주, 전혀, 절대로.
　　　 └ 일체 : 모든 것.

(13) 省 : ① 살필 성, ② 덜 생. 여기서는 ①로 쓰였다.

(15) 두음법칙 현상으로, '落(떨어질 락)'이 '낙'으로 발음된다.

(21) 便 : ① 편할 편, ② 오줌똥 변. 여기서는 ①로 쓰였다.

(33) 度 : ① 법도 도, ② 헤아릴 탁. 여기서는 ①로 쓰였다.

(34) 畫 : ① 그림 화, ② 그을 획. 여기서는 ②로 쓰였다.

(35) 惡 : ① 악할 악, ② 미워할 오. 여기서는 ②로 쓰였다.

(82) 白衣民族(백의민족) : 흰옷을 입은 민족이라는 뜻으로, 우리 민족을 이르는 말.

(83) 百發百中(백발백중) : 백 번 쏘아 백 번 맞힌다는 뜻으로, 총이나 활 따위를 쏠 때마다 겨눈 곳에 다 맞음.

(85) 男女老少(남녀노소) : 남자와 여자, 늙은이와 젊은이란 뜻으로, 모든 사람을 이르는 말.

(98) 出 : ㅣ 屮 屮 出 出

(99) 右 : ノ ナ ナ 右 右

(100) 用 : ㅣ 冂 月 月 用

실전예상문제 04회

(1) 단결	(2) 요산	(3) 객지	(4) 선악
(5) 독서	(6) 귀하	(7) 천재	(8) 사촌
(9) 덕담	(10) 통원	(11) 책임	(12) 냉대
(13) 용병	(14) 원시	(15) 성품	(16) 환자
(17) 시기	(18) 결심	(19) 필순	(20) 우애
(21) 경량	(22) 해류	(23) 노사	(24) 최고
(25) 급락	(26) 단명	(27) 당면	(28) 망신
(29) 육아	(30) 사별	(31) 각도	(32) 차도
(33) 산모	(34) 지물	(35) 승리	(36) 찰 한
(37) 인할 인	(38) 집 택/집 댁	(39) 쓸 비	(40) 빌 축
(41) 살 매	(42) 그칠 지	(43) 굽을 곡	(44) 두 재
(45) 익힐 련	(46) 더울 열	(47) 몸 기	(48) 변할 변
(49) 서로 상	(50) 법 규	(51) 보일 시	(52) 억 억
(53) 무리 류	(54) 갈 거	(55) 곱 배	(56) 재주 기
(57) 머리 수	(58) 홀로 독	(59) 朝會	(60) 月末
(61) 發明	(62) 花草	(63) 北部	(64) 代表
(65) 形式	(66) 國語	(67) 成長	(68) 神童
(69) 自由	(70) 外界	(71) 所重	(72) 工場
(73) 動力	(74) 親	(75) 陽	(76) 開
(77) 線	(78) 洞	(79) 強	(80) 教
(81) 男	(82) ③	(83) ⑧	(84) ①
(85) ⑤	(86) 木	(87) 川	(88) 競
(89) ①	(90) ⑤	(91) ③	(92) ④
(93) ⑥	(94) ②	(95) 来	(96) 気
(97) 万	(98) ①	(99) ②	(100) ①

해설

(2) 樂 : ① 즐거울 락, ② 노래 악, ③ 좋아할 요. 여기서는 ③으로 쓰였다.

(5) 讀 : ① 읽을 독, ② 구절 두. 여기서는 ①로 쓰였다.

(12) 두음법칙 현상으로, '冷(찰 랭)'이 '냉'으로 발음된다.

(23) 두음법칙 현상으로, '勞(일할 로)'가 '노'로 발음된다.

(32) 車 : ① 수레 거, ② 수레 차. 여기서는 ②로 쓰였다.

(82) 自手成家(자수성가) : 물려받은 재산이 없이 자기 혼자의 힘으로 집안을 일으키고 재산을 모음.

(83) 有口無言(유구무언) : 입은 있어도 말은 없다는 뜻으로, 변명할 말이 없거나 변명을 못함을 이르는 말.

(84) 以心傳心(이심전심) : 마음과 마음으로 서로 뜻이 통함.

(85) 作心三日(작심삼일) : 단단히 먹은 마음이 사흘을 가지 못한다는 뜻으로, 결심이 굳지 못함을 이르는 말.

(98) 光 : ㅣ ⺌ ⺌ 业 光 光

(99) 表 : 一 十 丰 丰 耒 表 表 表

(100) 古 : ㅣ 十 十 古 古

실전예상문제 05회

(1) 금상	(2) 임야	(3) 적색	(4) 결정
(5) 속도	(6) 철칙	(7) 좌수	(8) 비용
(9) 특기	(10) 가열	(11) 노사	(12) 하구
(13) 현실	(14) 도심	(15) 길일	(16) 형식
(17) 완공	(18) 역사	(19) 죄책	(20) 간식
(21) 선로	(22) 출사	(23) 타국	(24) 구명
(25) 안락	(26) 질문	(27) 졸업	(28) 원유
(29) 우황	(30) 악덕	(31) 패망	(32) 반성
(33) 수석	(34) 명물	(35) 부동	(36) 공경할 경
(37) 선비 사	(38) 법 전	(39) 주일 주	(40) 빛날 요
(41) 물끓는김 기	(42) 알 식/기록할 지	(43) 검을 흑	(44) 물건 품
(45) 말씀 담	(46) 씨 종	(47) 가게 점	(48) 구름 운
(49) 하여금 령	(50) 볼 견	(51) 해할 해	(52) 채울 충
(53) 끝 말	(54) 바랄 망	(55) 찰 랭	(56) 물고기 어
(57) 병사 병	(58) 씻을 세	(59) 會社	(60) 家訓
(61) 成功	(62) 空氣	(63) 江南	(64) 共同
(65) 秋夕	(66) 英才	(67) 便紙	(68) 近來
(69) 所感	(70) 新聞	(71) 愛人	(72) 兄弟
(73) 世界	(74) 角	(75) 里	(76) 童
(77) 朝	(78) 理	(79) 始	(80) 死
(81) 發	(82) ③	(83) ⑧	(84) ②
(85) ⑤	(86) ⑤	(87) ⑥	(88) ①
(89) ①	(90) ②	(91) ④	(92) 어젯밤
(93) 일정 기간 학교를 쉼		(94) 모든 일에 다 능통함	
(95) 読	(96) 昼	(97) 体	(98) ②
(99) ②	(100) ③		

해설

(1) 金 : ① 쇠 금, ② 성 김. 여기서는 ①로 쓰였다.

(2) 두음법칙 현상으로, '林(수풀 림)'이 '임'으로 발음된다.

(5) 度 : ① 법도 도, ② 헤아릴 탁. 여기서는 ①로 쓰였다.

(11) 두음법칙 현상으로, '勞(일할 로)'가 '노'로 발음된다.

(81) 發着 : 출발과 도착을 아울러 이르는 말.

(82) 自給自足(자급자족) : 필요한 물자를 스스로 생산하여 충당함.

(83) 山川草木(산천초목) : 산과 내와 풀과 나무라는 뜻으로, '자연'을 이르는 말.

(84) 馬耳東風(마이동풍) : 말의 귀에 동풍이 불어도 아랑곳하지 아니한다는 뜻으로, 남의 말을 귀담아듣지 아니하고 지나쳐 흘려 버림을 이르는 말.

(85) 春夏秋冬(춘하추동) : 봄·여름·가을·겨울의 네 계절.

(98) 去 : 一 十 土 去 去

(99) 定 : 丶 丶 宀 宀 宀 宁 宇 定

(100) 貴 : 一 中 虫 虫 卄 串 串 貴 貴

실전예상문제 06회

(1) 출타	(2) 도안	(3) 약속	(4) 다복
(5) 조화	(6) 불패	(7) 북해	(8) 구분
(9) 등기	(10) 두각	(11) 친절	(12) 방위
(13) 삼만	(14) 매매	(15) 순리	(16) 노사
(17) 편리	(18) 어물	(19) 형국	(20) 습자
(21) 서화	(22) 속성	(23) 통관	(24) 숙제
(25) 경기	(26) 독자	(27) 개방	(28) 개정
(29) 창문	(30) 무능	(31) 상통	(32) 조심
(33) 양산	(34) 기대	(35) 고체	(36) 병사 병
(37) 둥글 단	(38) 가벼울 경	(39) 뭍 륙	(40) 고을 주
(41) 어질 량	(42) 호수 호	(43) 허물 죄	(44) 원할 원
(45) 헤아릴 료	(46) 완전할 완	(47) 다리 교	(48) 클 위
(49) 생각 사	(50) 열매 실	(51) 다툴 쟁	(52) 옳을 가
(53) 과녁 적	(54) 처음 초	(55) 될 화	(56) 재목 재
(57) 이를 도	(58) 갖출 구	(59) 植木	(60) 現在
(61) 級數	(62) 急所	(63) 事前	(64) 晝間
(65) 注油	(66) 三寸	(67) 時計	(68) 特命
(69) 平等	(70) 身長	(71) 強力	(72) 兄弟
(73) 第一	(74) 行動	(75) 人生	(76) 信用
(77) 休校	(78) 作家	(79) 善	(80) 果
(81) 自	(82) ②	(83) ④	(84) ⑧
(85) ⑤	(86) 路	(87) 章	(88) 敎
(89) ⑤	(90) ①	(91) ⑥	(92) ②
(93) ①	(94) ④	(95) 楽	(96) 礼
(97) 画	(98) ④	(99) ③	(100) ③

해설

(7) 北 : ① 북녘 북, ② 달아날 배. 여기서는 ①로 쓰였다.

(11) 切 : ① 끊을 절, ② 온통 체. 여기서는 ①로 쓰였다.

(23) 洞 : ① 골 동, ② 꿰뚫을 통. 여기서는 ②로 쓰였다.

(33) 두음법칙 현상으로, '量(헤아릴 량)'이 '양'으로 발음된다.

(63) 事前 : 일이 일어나기 전. 또는 일을 시작하기 전.
事典 : 여러 가지 사항을 모아 일정한 순서로 배열하고 그 각각에 해설을 붙인 책.

(64) 晝間 : 먼동이 터서 해가 지기 전까지의 동안.
週間 : 월요일부터 일요일까지 한 주일 동안.

(82) 秋風落葉(추풍낙엽) : 가을바람에 떨어지는 나뭇잎.

(83) 千萬多幸(천만다행) : 아주 다행함.

(98) 幸 : 一 十 土 土 土 赤 坴 幸 幸

(99) 化 : 丿 亻 亻 化

(100) 日 : 丨 冂 月 日

artmedia

실전예상문제 07회

(1) 유행	(2) 본성	(3) 도표	(4) 흑자
(5) 종별	(6) 순리	(7) 초급	(8) 집회
(9) 지기	(10) 면담	(11) 원시	(12) 책망
(13) 물건	(14) 관문	(15) 창가	(16) 이래
(17) 독도	(18) 세계	(19) 사기	(20) 고안
(21) 설경	(22) 신봉	(23) 시가	(24) 친선
(25) 격식	(26) 분가	(27) 체조	(28) 무형
(29) 고발	(30) 노고	(31) 전술	(32) 최상
(33) 착복	(34) 타작	(35) 소재	(36) 견줄 비
(37) 마디 절	(38) 근심 환	(39) 벗 우	(40) 상줄 상
(41) 마칠 졸	(42) 넓을 광	(43) 과녁 적	(44) 바탕 질
(45) 다리 교	(46) 잎 엽	(47) 낳을 산	(48) 끊을 절/온통 체
(49) 요긴할 요	(50) 판 국	(51) 법칙 칙/곧 즉	(52) 더할 가
(53) 복 복	(54) 반드시 필	(55) 맺을 약	(56) 붉을 적
(57) 이를 치	(58) 과정 과	(59) 昨年	(60) 入場
(61) 內部	(62) 全國	(63) 黃金	(64) 問病
(65) 勝利	(66) 合心	(67) 正答	(68) 生命
(69) 野外	(70) 子孫	(71) 名言	(72) 音樂
(73) 意見	(74) 急	(75) 反	(76) 近
(77) 晝	(78) 新	(79) 溫	(80) 有
(81) 海	(82) ⑥	(83) ⑦	(84) ③
(85) ⑤	(86) ②	(87) ⑥	(88) ①
(89) ①	(90) ⑤	(91) ④	(92) 약의 효험
(93) 사람의 목숨을 구함		(94) 하나하나의 모든 일	
(95) 号	(96) 乏	(97) 学	(98) ④
(99) ④	(100) ②		

해설

(1) 두음법칙 현상으로, '流(흐를 류)'가 '유'로 발음된다.

(30) 두음법칙 현상으로, '勞(일할 로)'가 '노'로 발음된다.

(83) 敬老孝親(경로효친) : 노인을 공경하고, 어버이에게 효도함.

(84) 電光石火(전광석화) : 번갯불이나 부싯돌의 불이 번쩍거리는 것과 같이 매우 짧은 시간이나 매우 재빠른 움직임 따위를 비유적으로 이르는 말.

(85) 南男北女(남남북녀) : 남자는 남쪽 지방 사람이 잘나고 여자는 북쪽 지방 사람이 고움을 이르는 말.

(91) 개량 ┌ 改量 : 다시 측량함.
　　　 └ 改良 : 나쁜 점을 보완하여 더 좋게 고침.

(98) 安 : ' ' 宀 宀 安 安

(99) 市 : ' 亠 宀 市 市

(100) 者 : 一 + 土 耂 耂 者 者 者

실전예상문제 08회

(1) 각목	(2) 양식	(3) 각계	(4) 예문
(5) 방식	(6) 상업	(7) 농부	(8) 치명
(9) 화단	(10) 사생	(11) 연습	(12) 세수
(13) 영토	(14) 축가	(15) 유별	(16) 영웅
(17) 녹색	(18) 식비	(19) 요리	(20) 변화
(21) 육조	(22) 단속	(23) 강요	(24) 서점
(25) 무형	(26) 방심	(27) 숙제	(28) 봉양
(29) 우기	(30) 장성	(31) 광야	(32) 수도
(33) 재창	(34) 해악	(35) 법안	(36) 쇠 철
(37) 예 구	(38) 부을 주	(39) 관계할 관	(40) 소 우
(41) 굽을 곡	(42) 언덕 원	(43) 빛날 요	(44) 펼 전
(45) 굳셀 건	(46) 가벼울 경	(47) 들 거	(48) 자리 석
(49) 붓 필	(50) 열매 실	(51) 손 객	(52) 결단할 결
(53) 배 선	(54) 지날 력	(55) 찰 랭	(56) 자리 위
(57) 줄 급	(58) 귀할 귀	(59) 級訓	(60) 校服
(61) 孝子	(62) 敎育	(63) 入場	(64) 和合
(65) 米飮	(66) 班長	(67) 休學	(68) 電力
(69) 同窓	(70) 交通	(71) 表現	(72) 本然
(73) 地球	(74) 市內	(75) 萬物	(76) 家族
(77) 勇氣	(78) 外出	(79) 遠	(80) 夜
(81) 間	(82) ③	(83) ③	(84) ②
(85) ⑦	(86) 童	(87) 話	(88) 畫
(89) ①	(90) ④	(91) ③	(92) ⑥
(93) ①	(94) ④	(95) 区	(96) 対
(97) 礼	(98) ①	(99) ③	(100) ②

해설

(2) 두음법칙 현상으로, '良(어질 량)'이 '양'으로 발음된다.

(11) 두음법칙 현상으로, '練(익힐 련)'이 '연'으로 발음된다.

(13) 두음법칙 현상으로, '領(거느릴 령)'이 '영'으로 발음된다.

(15) 두음법칙 현상으로, '類(무리 류)'가 '유'로 발음된다.

(19) 두음법칙 현상으로, '料(헤아릴 료)'가 '요'로 발음된다.

(34) 惡 : ① 악할 악, ② 미워할 오. 여기서는 ①로 쓰였다.

(82) 今時初聞(금시초문) : 바로 지금 처음으로 들음.

(83) 百年大計(백년대계) : 먼 앞날까지 미리 내다보고 세우는 크고 중요한 계획.

(84) 天下第一(천하제일) : 세상에 견줄 만한 것이 없이 최고임.

(98) 空 : ' ' 宀 宀 空 空 空 空

(99) 史 : ' 口 口 史 史

(100) 左 : 一 ナ 左 左 左

실전예상문제 09회

(1) 정년	(2) 경어	(3) 각별	(4) 상반
(5) 숙소	(6) 건립	(7) 병환	(8) 염원
(9) 구급	(10) 상품	(11) 과음	(12) 서신
(13) 법규	(14) 방심	(15) 빙하	(16) 불량
(17) 야행	(18) 실과	(19) 수도	(20) 개장
(21) 행복	(22) 양성	(23) 가망	(24) 공군
(25) 식자	(26) 태양	(27) 사활	(28) 산지
(29) 전설	(30) 월말	(31) 배가	(32) 열정
(33) 구중	(34) 덕성	(35) 최선	(36) 손 객
(37) 신선 선	(38) 재물 재	(39) 기약할 기	(40) 악할 악/미워할 오
(41) 물건 건	(42) 호수 호	(43) 알릴 고	(44) 코 비
(45) 고를 조	(46) 일할 로	(47) 빌 축	(48) 법칙 칙/곧 즉
(49) 마칠 종	(50) 들 거	(51) 본받을 효	(52) 집 원
(53) 생각 사	(54) 해 세	(55) 낳을 산	(56) 가릴 선
(57) 과정/공부할 과	(58) 알 지	(59) 始作	(60) 古物
(61) 學校	(62) 現代	(63) 大門	(64) 間食
(65) 國旗	(66) 洞長	(67) 向上	(68) 自習
(69) 日記	(70) 生命	(71) 文章	(72) 百姓
(73) 敎訓	(74) 歌	(75) 失	(76) 風
(77) 由	(78) 發	(79) 內	(80) 利
(81) 白	(82) 身	(83) 士	(84) 幸
(85) 綠	(86) ③	(87) ⑤	(88) ①
(89) ⑤	(90) ①	(91) ②	(92) 모든 일에 능통함
(93) 하나하나의 모든 일		(94) 겉으로 드러내 보임	
(95) 読	(96) 号	(97) 查	(98) ③
(99) ④	(100) ④		

해설

(8) 두음법칙 현상으로, '念(생각 념)'이 '염'으로 발음된다.

(25) 識 : ① 알 식, ② 기록할 지. 여기서는 ①로 쓰였다.

(82) 敗家亡身(패가망신) : 집안의 재산을 다 써 없애고 몸을 망침.

(83) 士農工商(사농공상) : 예전에, 백성을 나누던 네 가지 계급으로, 선비, 농부, 공장(工匠), 상인을 이르던 말.

(84) 千萬多幸(천만다행) : 아주 다행함.

(85) 草綠同色(초록동색) : 풀빛과 녹색은 같은 색깔이란 뜻으로, 이름은 달라도 성질이나 내용은 같다는 말.

(98) 告 : ' ﹀ 仹 生 生 告

(99) 式 : 一 二 二 三 式 式

(100) 里 : ﹂ 口 日 旦 甲 里

실전예상문제 10회

(1) 활력	(2) 과외	(3) 객관	(4) 호수
(5) 원인	(6) 선거	(7) 약수	(8) 필사
(9) 격조	(10) 개업	(11) 독식	(12) 기질
(13) 경례	(14) 육교	(15) 반도	(16) 한양
(17) 도안	(18) 은행	(19) 조작	(20) 탁구
(21) 완승	(22) 합심	(23) 정원	(24) 비중
(25) 축원	(26) 화석	(27) 충당	(28) 세련
(29) 고착	(30) 고시	(31) 특허	(32) 감기
(33) 경유	(34) 철칙	(35) 한옥	(36) 헤아릴 량
(37) 도읍 도	(38) 널 판	(39) 소 우	(40) 장사 상
(41) 물건 건	(42) 숯 탄	(43) 고기잡을 어	(44) 말씀 설/달랠 세
(45) 흥할 흥	(46) 맺을 결	(47) 고울 선	(48) 가게 점
(49) 쓸 비	(50) 고을 주	(51) 열매 실	(52) 목욕할 욕
(53) 순할 순	(54) 거느릴 령	(55) 섬길 사	(56) 성품 성
(57) 재주 기	(58) 볕/경치 경	(59) 洋服	(60) 速度
(61) 老人	(62) 動物	(63) 工事	(64) 空軍
(65) 江南	(66) 共同	(67) 孝道	(68) 使用
(69) 新聞	(70) 有名	(71) 現在	(72) 敎育
(73) 王國	(74) 三寸	(75) 時間	(76) 父母
(77) 秋夕	(78) 書信	(79) 手	(80) 孫
(81) 利	(82) ①	(83) ⑧	(84) ②
(85) ⑤	(86) 言	(87) 家	(88) 算
(89) ④	(90) ⑥	(91) ①	(92) ⑥
(93) ⑤	(94) ②	(95) 対	(96) 会
(97) 来	(98) ②	(99) ②	(100) ④

해설

(14) 두음법칙 현상으로, '陸(뭍 륙)'이 '육'으로 발음된다.

(34) 則 : ① 법칙 칙, ② 곧 즉. 여기서는 ①로 쓰였다.

(82) 生死苦樂(생사고락) : 삶과 죽음, 괴로움과 즐거움을 통틀어 이르는 말.

(83) 門前成市(문전성시) : 찾아오는 사람이 많아 집 문 앞이 시장을 이루다시피 함을 이르는 말.

(84) 訓民正音(훈민정음) : 백성을 가르치는 바른 소리라는 뜻으로, 1443년에 세종이 창제한 우리나라 글자를 이르는 말.

(85) 見物生心(견물생심) : 어떠한 실물을 보게 되면 그것을 가지고 싶은 욕심이 생김.

(98) 兵 : 一 厂 丘 丘 乒 乒 兵

(99) 氷 : ﹂ ﹁ 水 水 氷

(100) 弟 : ﹀ ﹀ 当 岁 肖 弟 弟

기출분석문제 제1회

(1) 재건	(2) 백군	(3) 개량	(4) 가당
(5) 최근	(6) 기색	(7) 기차	(8) 통관
(9) 건아	(10) 품귀	(11) 상금	(12) 내과
(13) 술수	(14) 육교	(15) 가열	(16) 법규
(17) 직구	(18) 말기	(19) 완공	(20) 비등
(21) 구식	(22) 광고	(23) 가곡	(24) 과거
(25) 견습	(26) 친교	(27) 대가	(28) 각목
(29) 정년	(30) 근본	(31) 필기	(32) 설복/세복
(33) 급행	(34) 경매	(35) 지신	(36) 대답 답
(37) 인간 세	(38) 잘 숙/별자리 수	(39) 호수 호	(40) 그림 화
(41) 섬길 사	(42) 일할 로	(43) 있을 재	(44) 갖출 구
(45) 씨 종	(46) 바랄 망	(47) 요긴할 요	(48) 헤아릴 량
(49) 기다릴 대	(50) 하여금 사	(51) 하여금 령	(52) 많을 다
(53) 말미암을 유	(54) 여름 하	(55) 마을 촌	(56) 날랠 용
(57) 동산 원	(58) 나그네 려	(59) 所感	(60) 圖書
(61) 不幸	(62) 高手	(63) 合計	(64) 家長
(65) 開放	(66) 江山	(67) 果然	(68) 出口
(69) 路線	(70) 太陽	(71) 中間	(72) 上京
(73) 成功	(74) 立席	(75) 各自	(76) 夜光
(77) 身/物	(78) 樂	(79) 孫	(80) 古
(81) ②	(82) ④	(83) ⑥	(84) ⑦
(85) ⑨	(86) ⑥	(87) ④	(88) ⑤
(89) ③	(90) ⑦	(91) ⑥	(92) ⑥
(93) ③	(94) ①	(95) 万	(96) 战
(97) 学	(98) ③	(99) ②	(100) ③

 해설

(11) 金 : ① 쇠 금, ② 성 김. 여기서는 ①로 쓰였다.

(14) 두음법칙 현상으로, '陸(뭍 륙)'자가 '육'으로 발음된다.

(32) 說服(설복/세복) : 알아듣도록 말하여 수긍하게 함.

(77) 心身(마음 심/몸 신) : 마음과 몸을 아울러 이르는 말.
物心(물건 물/마음 심) : 물질적인 것과 정신적인 것.

(81) 野生動物(야생동물) : 산이나 들에서 저절로 나서 자라는 동물.

(82) 大明天地(대명천지) : 아주 환하게 밝은 세상.

(83) 八方美人(팔방미인) : 어느 모로 보나 아름다운 사람, 여러 방면에 능통한 사람.

(84) 無男獨女(무남독녀) : 아들이 없는 집안의 외동딸.

(85) 決死反對(결사반대) : 죽기를 각오하고 있는 힘을 다하여 반대함.

(98) 北 : ㅣ ㅓ ㅓ ㅣヒ 北

(99) 族 : ㆍ ㆍ ㅜ ㅑ ㅑ 扩 旅 族

(100) 雪 : 一 ㄷ ㄷ ㄷ ㅋ 雨 雫 雪 雪

기출분석문제 제2회

(1) 구교	(2) 경품	(3) 완결	(4) 열망
(5) 법전	(6) 과도	(7) 곡조	(8) 덕담
(9) 최초	(10) 가격	(11) 문책	(12) 우량
(13) 원유	(14) 급매	(15) 효과	(16) 봉축
(17) 주급	(18) 운설	(19) 재건	(20) 종류
(21) 고시	(22) 실질	(23) 상선	(24) 개점
(25) 종말	(26) 독도	(27) 약속	(28) 악재
(29) 주야	(30) 당연	(31) 착륙	(32) 지식
(33) 재해	(34) 온정	(35) 순서	(36) 빠를 속
(37) 마디 절	(38) 나그네 려	(39) 구원할 구	(40) 붓 필
(41) 원할 원	(42) 거느릴 령	(43) 집 원	(44) 의원 의
(45) 다를 타	(46) 빛날 요	(47) 쓸 비	(48) 재물 재
(49) 모일 사	(50) 널 판	(51) 기를 양	(52) 조사할 사
(53) 볼 관	(54) 쌓을 저	(55) 이를 치	(56) 이길 승
(57) 업 업	(58) 들 거	(59) 人命	(60) 運動
(61) 安全	(62) 市場	(63) 窓門	(64) 正直
(65) 植木	(66) 光線	(67) 海洋	(68) 野球
(69) 通行	(70) 高空	(71) 祖上	(72) 童話
(73) 多幸	(74) 番	(75) 清	(76) 朝
(77) 信	(78) 服	(79) 主	(80) 弱
(81) 使	(82) ①	(83) ⑤	(84) ④
(85) ③	(86) ③	(87) ①	(88) ③
(89) ⑤	(90) ③	(91) ②	(92) ⑥
(93) ②	(94) ③	(95) 対	(96) 発
(97) 体	(98) ①	(99) ③	(100) ③

해설

(16) 奉祝(봉축) : 공경하는 마음으로 축하함.

(81) 勞使(일할 로/하여금 사) : 노동자와 사용자를 아울러 이르는 말.

(82) 男女平等(남녀평등) : 법률적 권리나 사회적 대우가 성별에 따라 차별이 없음.

(84) 有口無言(유구무언) : 입은 있어도 말은 없다는 뜻으로, 변명할 말이 없거나 변명을 못함을 이르는 말.

(85) 生死苦樂(생사고락) : 삶과 죽음, 괴로움과 즐거움을 통틀어 이르는 말.

(94) 소화 ┌ 消化 : 섭취한 음식물을 분해함.
└ 消火 : 불을 끔.

(98) 年 : ㆍ ㅗ ㅓ ㅗ ㄷ 年

(99) 母 : ㄴ ㅁ ㅁ 母 母

(100) 共 : 一 十 卄 卄 井 共

기출분석문제 제3회

(1) 지구	(2) 기차	(3) 명령	(4) 건전
(5) 과목	(6) 시조	(7) 대국	(8) 사건
(9) 작금	(10) 정지	(11) 약속	(12) 수목
(13) 재료	(14) 대설	(15) 참석	(16) 예절
(17) 소화	(18) 판자	(19) 최고	(20) 병원
(21) 역사	(22) 백성	(23) 노고	(24) 철칙
(25) 여행	(26) 비용	(27) 시장	(28) 신선
(29) 낙엽	(30) 경의	(31) 이유	(32) 말로
(33) 어업	(34) 화단	(35) 도덕	(36) 생각 념
(37) 홀로 독	(38) 결단할 결	(39) 전할 전	(40) 본받을 효
(41) 빛날 요	(42) 인할 인	(43) 차례 서	(44) 놓을 방
(45) 조사할 사	(46) 잘 숙/별자리 수	(47) 찰 한	(48) 들을 문
(49) 뭍 륙	(50) 원할 원	(51) 꾸짖을 책	(52) 굽을 곡
(53) 거느릴 령	(54) 허물 죄	(55) 동산 원	(56) 곧을 직
(57) 호수 호	(58) 익힐 련	(59) 勝利	(60) 出入
(61) 午前	(62) 注油	(63) 每番	(64) 等級
(65) 淸明	(66) 不幸	(67) 住民	(68) 日記
(69) 永生	(70) 家庭	(71) 電氣	(72) 安
(73) 同	(74) 活	(75) 洋	(76) 省
(77) 遠	(78) 少	(79) 白	(80) 夕/野
(81) ⑧	(82) ①	(83) ③	(84) ⑦
(85) ⑩	(86) ④	(87) ②	(88) ⑥
(89) ⑧	(90) ⑦	(91) ⑥	(92) ④
(93) ⑥	(94) ②	(95) 体	(96) 来
(97) 区	(98) ③	(99) ②	(100) ④

해설

(16) 두음법칙 현상으로, '禮(예도 례)'자가 '예'로 발음된다.

(21) 두음법칙 현상으로, '歷(지날 력)'자가 '역'으로 발음된다.

(25) 두음법칙 현상으로, '旅(나그네 려)'자가 '여'로 발음된다.

(80) 朝夕(조석) : 아침과 저녁. 썩 가까운 앞날.
朝野(조야) : 조정과 민간을 통틀어 이르는 말.

(81) 正比例(정비례) : 두 양이 서로 같은 비율로 늘거나 주는 일.

(82) 商品流通(상품유통) : 화폐를 매개로 하여 상품이 생산자에서 소비자로 흘러드는 일.

(83) 交友以信(교우이신) : 세속오계의 하나로, 벗을 사귐에 믿음으로써 함.

(84) 山林綠化(산림녹화) : 황폐한 산에 나무를 심고 보호하며 사방 공사 따위를 하여 초목을 무성하게 하는 일.

(98) 示 : 一 二 于 示 示

(99) 休 : ノ イ イ 什 休 休

(100) 太 : 一 ナ 大 太

기출분석문제 제4회

(1) 반대	(2) 도착	(3) 조사	(4) 순서
(5) 약속	(6) 재건	(7) 석탄	(8) 효과
(9) 가결	(10) 건아	(11) 온실	(12) 요령
(13) 통관	(14) 패망	(15) 한해	(16) 주야
(17) 경치	(18) 설명	(19) 속류	(20) 환부
(21) 열량	(22) 태양	(23) 우정	(24) 법칙
(25) 육교	(26) 최초	(27) 변인	(28) 가필
(29) 어업	(30) 탁구	(31) 성질	(32) 과제
(33) 광판	(34) 덕담	(35) 운동	(36) 재물 재
(37) 꾸짖을 책	(38) 부를 창	(39) 팔 매	(40) 오를 등
(41) 구원할 구	(42) 겨레 족	(43) 들 거	(44) 잎 엽
(45) 호수 호	(46) 마칠 종	(47) 구름 운	(48) 잡을 조
(49) 느낄 감	(50) 쌓을 저	(51) 무리 류	(52) 상줄 상
(53) 쓸 비	(54) 이길 승	(55) 클 위	(56) 어질 량
(57) 목숨 명	(58) 급할 급	(59) 법 규	(60) 便利
(61) 世上	(62) 正直	(63) 外出	(64) 市場
(65) 車道	(66) 計算	(67) 靑年	(68) 敎育
(69) 注油所	(70) 農村	(71) 住民	(72) 長短
(73) 苦樂	(74) 秋夕	(75) 雪	(76) 朝
(77) 童	(78) 根	(79) 植	(80) 重
(81) 新	(82) 使	(83) 有	(84) ⑩
(85) ⑥	(86) ①	(87) ②	(88) ⑧
(89) ⑥	(90) ③	(91) ④	(92) ④
(93) ②	(94) ⑤	(95) ③	(96) ①
(97) ⑤	(98) 体	(99) 学	(100) 号

해설

(18) 說 : ① 말씀 설, ② 달랠 세, ③ 기쁠 열. 여기서는 ①로 쓰였다.

(20) 患部(환부) : 병이나 상처가 난 자리.

(28) 加筆(가필) : 글이나 그림 따위에 붓을 대어 보태거나 지워서 고침. 고쳐 씀.

(84) 仕 : 벼슬/섬길 사, 任 : 맡길 임.

(87) 自給自足(자급자족) : 필요한 물자를 스스로 생산하여 충당함.

(96) 개방 ┌ 開放 : 문을 열어 자유롭게 이용하게 함.
└ 開方 : 제곱근 등을 계산하여 답을 구함.

(97) 개선 ┌ 改選 : 의원이나 임원 등을 새로 선출함.
└ 改善 : 잘못된 것을 바르게 고침.

기출분석문제 제5회

(1) 화재	(2) 효과	(3) 참석	(4) 운집
(5) 봉사	(6) 상업	(7) 타작	(8) 행복
(9) 육군	(10) 원로	(11) 기선	(12) 성질
(13) 재회	(14) 좌우	(15) 만세	(16) 반장
(17) 친구	(18) 반도	(19) 설명	(20) 온실
(21) 선출	(22) 격식	(23) 길흉	(24) 구명
(25) 독창	(26) 최신	(27) 조화	(28) 음식
(29) 병원	(30) 덕육	(31) 완전	(32) 주야
(33) 소비	(34) 낙엽	(35) 광장	(36) 신하 신
(37) 하여금/부릴 사	(38) 말미암을 유	(39) 마디 촌	(40) 마칠 종
(41) 될 화	(42) 일할 로	(43) 겉 표	(44) 알 식/기록할 지
(45) 무거울 중	(46) 이할/이로울 리	(47) 나타날 현	(48) 급할 급
(49) 머리 수	(50) 쌀 미	(51) 과녁 적	(52) 집 당
(53) 적을 소	(54) 겨울 동	(55) 저자 시	(56) 견줄 비
(57) 열매 실	(58) 살필 성/덜 생	(59) 하여금 령	(60) 發
(61) 頭	(62) 住	(63) 然	(64) 開
(65) 家族	(66) 山林	(67) 感動	(68) 歌手
(69) 空間	(70) 太陽	(71) 日記	(72) 夏服
(73) 近來	(74) 身體	(75) 公共	(76) 西洋
(77) 角度	(78) 黃海	(79) 古今	(80) ⑨
(81) ②	(82) ⑥	(83) 主	(84) 强
(85) 直	(86) 朝	(87) ④	(88) ③
(89) ①	(90) ④	(91) ②	(92) ⑨
(93) ⑥	(94) ⑩	(95) ②	(96) ①
(97) ③	(98) 号	(99) 対	(100) 国

해설

(3) 參 : ① 참여할 참, ② 석 삼(갖은자). 여기서는 ①로 쓰였다.

(9) 두음법칙 현상으로, '陸(뭍 륙)'자가 '육'으로 발음된다.

(34) 두음법칙 현상으로, '落(떨어질 락)'자가 '낙'으로 발음된다.

(83) 客(손 객) ↔ 主(주인 주)

(85) 曲(굽을 곡) ↔ 直(곧을 직)

(86) 朝(아침 조) ↔ 夕(저녁 석)

(91) 見物生心(견물생심) : 어떠한 실물을 보게 되면 그것을 가지고 싶은 욕심이 생김.

(92) 不遠千里(불원천리) : 천 리 길도 멀다고 여기지 않음.

(93) 百年大計(백년대계) : 먼 앞날까지 미리 내다보고 세우는 크고 중요한 계획.

(94) 善男善女(선남선녀) : 성품이 착한 남자와 여자란 뜻으로, 착하고 어진 사람들을 이르는 말.